KB160855

글로벌 패권을 꿈꾸는 중국의 도전과 한계

이 책은 2017년도 정부(교육부)의 재원으로 한국연구재단의 지원을 받아 수행된 연구입니다. (NRF-2017S1A6A3A02079082)

글로벌 패권을 꿈꾸는
중국의 도전과 한계

원광대학교 한중관계연구원·동북아시아인문사회연구소 엮음

원광대학교 한중관계 브리핑 10

Challenge & Limit

일러두기

- 이 책은 2021년 1월부터 12월까지 인터넷 언론 《프레시안》에 연재된 〈원광대 한중관계 브리핑〉 칼럼
  중 일부를 수정 및 보완하여 엮은 것이다.
- 《프레시안》에 칼럼이 게재된 날짜는 각 장의 도입부 상단 좌측에 필자의 이름과 함께 표기하였다.

2021년 코로나 19의 확산 속에 미국에서는 바이든 정부가 출범했습니다. 격렬했던 미국과 중국의 패권싸움은 지난 일 년 동안 잠시 소강상태를 보였습니다. 중국은 때마침 공산당 창당 100주년을 맞이하여, 국내 문제에 좀 더 집중하는 모습이었습니다. 1978년 덩샤오핑(鄧小平)은 중국의 개혁개방과 함께 '사회주의 현대화' 국가 건설을 위한 두개의 100년 목표를 세웠습니다. 그 중 첫 번째 100년의 목표를 마무리 하는 해가 바로 2021년이었습니다. 중국은 공산당 창당 100주년을 맞는 2021년까지 중등 이상의 복지사회를 일컫는 소강(小康)사회 건설을 계획하였습니다. 2022년 3월 전국인민대표대회(全國人民代表大會) 업무보고에서 리커창(李克強) 중국 총리는 "전면적 소강 사회 건설 임무 수행을 완료했다"고 공식적으로 밝혔습니다. 이제 중국은 중화인민공화국 건국 100주년을 맞는 2049년까지 남은 100년의 과업, 즉 선진국 반열인 대동(大同)사회 실현을 위해 달려갈 것입니다.

그러나 2021년 한 해를 돌이켜보면, 중국을 둘러싼 국내외 난제들은 해결되지 않은 채 새로운 문제들이 양산되는 모습이었습니다. 바이든 대통령은 취임 후, G7, NATO, QUAD 등 정상회의를 통해 동맹국의 힘을 집결하면서 중국을 군사·외교적으로 압박하였습니다. 또 미얀마 군사쿠데타의 중국배후설, 호주와의 갈등 심화 등의 문제는 글로벌 패권으로써 중국의 역할에 대해 지속적으로 시험에 들게 했습니다. 침체되어 있는 한중관계에도 개선의 여지가 보이지 않았습니다. 오히려 문화, 역사적 측면에서 양국 국민간의 정서적 반목의 골이 깊어지는 추세입니다.

한편, 2021년 중국 국내문제는 좀 더 복잡한 양상이었습니다. 2000년대 후반 중국의 경제성장을 견인하고 있는 인터넷 플랫폼 기업에 대한 대대적 규제, '2060 탄소중립' 실현을 위한 과도한 에너지 전환정책 부작용 등으로 중국 산업경제는 한차례 강하게 조정을 받았습니다. 또한 소강 사회를 맞이하였는데도 여전히 해결되지 않고 있는 빈부격차, 인구감소, 노령화 등 사회문제 문제도 중국이 대동사회 건설을 위해 해결해야하는 숙제로 남아있습니다.

중국을 둘러싼 이러한 국내외 쟁점은 모든 분야에 있어 한중관계를 이해하는 첫걸음입니다. 이에 한중관계연구원은 중국의 새로운 정책과 산업, 사회와 가치관, 외교 전략의 변화를 파악하고, 국내 어느 기관보다 발 빠르게 전달하기 위해 노력하고 있습니다. 이를 위해 지난 2013년 본원이 개원한 이래 한 주도 빠짐없이 매주 금요일에 인터넷매체 프레시안 (Pressian.com)에 '한중관계 브리핑'이라는 명칭으로 칼럼을 연재를 하고 있습니다. 또 매년 연말에 1년 동안 연재한 칼럼을 모아 칼럼집을 발간하고 있습니다. 지난 9년 한중관계 브리핑은 중국을 보는 창과 같은 역할을 했으리라 믿어 의심치 않습니다.

올해도 지난 1년간 프레시안에 실린 글 중에서 총 38편을 모아『한중

관계 브리핑』제10권을 출간하게 되었습니다. 한중관계 브리핑은 한중관계연구원 교수들의 전문적 견해를 담고 있지만 동시에 누구나 쉽게 이해할 수 있는 대중적 언어로 작성되었습니다. 따라서 관련 전문가뿐만 아니라 전문지식이 없는 일반 대중도 지금 이순간의 중국과 한중관계를 한층 쉽고 재미있게 이해 할 수 있을 것이라 생각합니다. 또한 본원은 『한중관계 브리핑』이 연도별 '한중관계 연감'과 같은 역할을 할 수 있도록 지속적으로 노력하고 있습니다. 따라서 당해 그리고 과거 각 연도별 중국 그리고 한중관계에 어떠한 쟁점이 있었는지 궁금할 때, 한중관계 브리핑 시리즈로 그 해답을 찾을 수 있을 것입니다.

끝으로 프레시안에 고정적으로 칼럼을 연재할 수 있도록 공간을 마련해 주신 박인규 대표님과 칼럼이 더욱 빛날 수 있도록 매주 도움을 주시는 이재호 기자에게 지면을 빌려 특별히 고마움을 전합니다. 그리고 제10권 출간을 함께 준비하여 좋은 책을 만들기 위해 애써 주신 경인문화사 한정희 대표님과 편집부에도 고마움을 전합니다. 아울러 바쁜 일정에도 불구하고 한 주도 빠짐없이 좋은 글을 써주신 한중관계연구원의 모든 교수님들의 수고에도 깊은 감사를 표합니다.

2022년 3월
김정현
원광대학교 한중관계연구원장

책을 펴내며

차 례

1부   글로벌 패권 경쟁, 본격화되나?

2부 _____ 팬데믹과 기후 위기, 중국 경제는 순항할까?

3부   모두가 함께 잘 사는 중국, 이뤄질까?

4부
문화 강국의 꿈, 어디로 가는가?

1부

글로벌 패권 경쟁, 본격화되나?

바이든 시대 시작될 미·중 패권 경쟁 2막···
한국의 선택은?

21세기 한반도의 시대를 바라며

　지난 1년은 코로나 팬데믹이라는 세계적인 대혼란 속에 개인과 사회, 국가 모두 혼란의 원인을 파악하고 이에 대응하느라 여념이 없는 시간을 보냈다. 코로나19 바이러스에 대한 재확산과 불확실성에 대한 공포가 여전히 전 세계를 뒤덮고 있지만, 백신과 치료제의 상용화가 가시권에 들어오면서 인류는 코로나19 바이러스와 공생하며 팬데믹 종식 이후를 준비하고 있다.

　올해부터 시작될 미중 패권 경쟁의 2막을 위해 미국과 중국은 전열을 가다듬고 있다. 무역(경제)·기술·군사 분야에서 고조되던 양국의 갈등이 코로나 팬데믹을 계기로 이념 갈등으로 확대되었다. 그 연장선상에서 중국의 부상을 저지하기 위한 미국의 전방위적인 공세가 이어지고 있다.

　바이든 행정부는 세계적 이슈에 대한 민주주의 국가들의 국제 공조, 동맹 강화, 글로벌 가치 사슬 재편(GVC)을 주도하면서 미국 우선주의의 그림자를 지우고 글로벌 리더의 자리로 빠르게 복귀할 것이다. 이제 미국은 '미국' 대 '중국'의 대결이 아니라 '미국과 민주주의 동맹국' 대 '공산주의 중국'의 대결이라는 구도를 통해 중국을 포괄적으로 압박하려 할 것이다.

동맹국들과 포위망(봉쇄 정책)을 좁혀 가겠다는 미국의 공성전(攻城戰)과 내수 활성화를 통해 현대화된 사회주의 강대국을 건설하겠다는 중국의 수성전(守城戰)이 시작된다고 할 수 있다.

우리가 이렇게 한반도를 둘러싼 열강의 지정학적 전략과 국제 정세를 분석하는 이유는 국제정세를 파악한다는 1차적 목표 때문만은 아니다. 국제적 환경을 남북한에 유리한 방향으로 이용하기 위해서이고, 보다 궁극적인 목적은 북한의 비핵화와 한반도 평화경제를 실현하여 남북한이 화해와 협력으로 상생의 길을 모색하고 통일의 초석을 마련하기 위해서이다.

남북한이 평화경제를 이루면, 한반도는 북방과 남방을 연결하는 동아시아의 허브가 될 것이다. 그렇게 나라의 살림살이가 커지면 남북한의 젊은이들이 마음껏 도전하여 꿈을 이루는 나라, 통일을 향해 협력하는 남북한이 되지 않겠는가? 개인도 자신의 환경을 잘 파악하고 목표를 향해 나아갈 방향을 결정해야 하는데, 국가는 더욱 그러하다.

특히, 현상 유지를 바라는 강대국들에 둘러싸여 있는 남북한은 화해와 협력으로 나갈 절호의 기회를 잡기 위해 더 면밀하게 국제 정세를 살펴야 하고 외교에 힘써야 한다.

2021년 1월 5일부터 8일간 열린 북한 노동당 8차 당대회에서 김정은 위원장은 북한의 국방력 강화를 강조하면서 미국에는 "강대강, 선대선 원칙"과 "대북 적대시 정책 철회"를, 남한에는 "한미연합군사훈련 중단"을 요구했다. 2021년을 시작하면서 북한이 먼저 대미, 대남 메시지를 보낸 것이다. 이는 미국과 한국의 반응을 보겠다는 북한의 의도로 해석할 수 있다.

긍정적인 측면은 남북 관계 경색의 원인을 남한에 돌리면서도 "파국에 처한 현 북남 관계를 수습하고 개선하기 위한 적극적인 대책을 강구해 나가야 한다. 북남선언들을 무겁게 대하고 성실히 리행해 나가야 한다. 남조선 당국의 태도 여하에 따라 얼마든지 가까운 시일 안에 북남 관계가 다시 3년 전 봄날과 같이 온 겨레의 념원대로 평화와 번영의 새 출발점으로 돌아갈 수도 있을 것이다"라고 언급한 점이다.

이는 북한이 먼저 행동하진 않겠지만 남북 화해의 기회가 형성된다면, 북한이 적극적으로 호응할 뜻이 있음을 보인 것으로 해석할 수 있다. 북한은 미국에 대해서도 강경한 발언을 가급적 삼가면서 "강대강, 선대선 원칙 고수", "대북 적대시 정책 철회" 2가지로 바이든 행정부에 원하는 바를 전달했다.

중국을 견제하는 미국에게 한반도와 인도·태평양 지역은 앞으로도 미국의 지정학적 이익과 중국의 영향력 억지를 위해 매우 중요하다. 또한, 핵 무력 완성 후 비핵화 선언을 한 북한은 미국의 안보에 직접적인 영향을 줄 만큼 성장했으며, 중국과도 긴밀한 관계를 유지하고 있어 미국은 어떠한 형식으로든 북한과 대화를 이어가야 하는 상황이다.

바이든 대통령은 후보 시절 TV 토론에서 "핵이 없는 한반도를 위해 그(김정은 위원장)가 핵 능력을 축소하는 조건이라면 김정은 위원장을 만날 수 있다"고 했다. 바이든 행정부가 북한의 비핵화 의지에 대해 진정성 있게 받아들인다면, 단계별 비핵화 프로세스 추진도 가능할 것이다.

우리는 현재 당면한 사안을 세밀하게 검토하고 유연한 대응을 취할 수 있도록 대비하면서, 바이든 행정부의 대 한반도 전략의 장점을 살리고 한반도의 항구적 평화 정착을 위해 끊임없이 남북한 협력의 기회를 만들

조 바이든 미국 대통령이 20일(현지시간) 워싱턴DC의 연방의회 의사당에서 열린 취임식에서 선서를 마치고 연설하고 있다. ⓒEPA=연합뉴스

어야 한다. 따라서 2021년은 한반도 평화 프로세스 실현의 골든타임이 될 수 있다.

　　코로나 팬데믹 종식, 국제질서 재편, 국제 경제 패러다임의 변화 시기에 남·북·미의 한반도 비핵화 실현 의지와 남북한의 화해·번영 의지가 더 나아가 종전 선언과 북미 관계 개선, 단계적 비핵화와 한반도 평화 프로세스 진전, 남북 경협 재개와 확대를 통해 새로운 동북아 질서로 구축되기를 간절히 바란다. 당사자인 남한과 북한의 의지가 중요하다. 미국을 설득하여 함께 평화 실현의 기회를 만들어야 한다.

　　2021년 1월 20일, 바이든의 시대가 열렸다. 외교에 능통한 미국 대통령과 화해와 협력을 절실히 바라는 남북한 지도자가 머리를 맞대고, 한반도 문제에 대한 외교적 해법을 찾아 '위대한 한반도의 시대'가 열리기를 기대한다.

아울러 한반도 비핵화와 평화 정착으로 남북한이 한마음으로 협력하고 발전하며, 그동안 구상했으나 실행에 옮기지 못했던 남·북·중, 남·북·러 경제 협력을 실현하고 한국의 기상이 마음껏 북방으로, 대륙으로 뻗어 나갈 날을 고대한다.

바이든의 욕망과 시진핑의 욕망이 부딪히면

'시진핑 신시대' 강국화 건설의 열망과 미중 갈등, 그리고 동북아 지역질서

시진핑 신시대, '사회주의 현대화 강국' 건설의 열망

2021년은 중국 공산당 창당 100주년이 되는 해이다. 무엇보다 올해는 중국 공산당이 덩샤오핑 시기부터 '사회주의 현대화 국가' 건설의 장기적 목표로 제시해 온 '2개의 100년'(중국 공산당 창당 100주년인 2021년과 중화인민공화국 성립 100주년인 2049년) 중 하나를 매듭짓는 역사적 시점이기에 더욱 각별한 의미가 있다.

특히 시진핑 체제가 들어선 후부터는 이러한 목표가 기존 '사회주의 현대화 국가'에서 '사회주의 현대화 강국' 건설이라는 훨씬 야심찬 국가적 비전으로 전환되었다. 2017년 개최된 중국 공산당 제19차 당대회 보고에서 시진핑 주석은 '중국 특색의 사회주의'가 바야흐로 '신시대'로 진입했으며, 이러한 인식을 토대로 중화인민공화국 성립 100주년이 되는 2049년까지 '사회주의 현대화 강국'을 건설하겠다는 원대한 목표를 제시했다. 또한 '중화 민족의 위대한 부흥'을 거듭 강조함으로써, 강대국화에 대한 열망을 과감하게 드러냄과 동시에 '중국 특색의 사회주의 모델'에 대한 자신감을 보여 주었다.

이처럼 시진핑 체제로 들어서면서 중국 공산당은 경제적 부상에 따른 국제 사회 내 지위 향상에 대한 자신감을 적극적으로 표출하고 있으며, 나아가 사회주의 현대화 강국 건설을 통한 '중국의 꿈' 실현을 향후 국가 전략의 핵심으로 삼고 있다.

이러한 신시대 인식의 이념적 토대 구축을 위해 이전과 달리 '중국 모델'을 전면적으로 긍정하면서, 중국 특색 사회주의 모델의 우월성을 4가지 자신감(노선, 이론, 제도, 문화)으로 정식화했다. 요컨대 중국 특색의 사회주의 모델을 견지함으로써, 세계 강대국으로 도약하겠다는 발전 로드맵을 과감하게 드러내고 있는 것이다.

시진핑 신시대, 글로벌 거버넌스 개혁과 체제 경쟁

시진핑 주석이 제시한 '신시대 중국 특색의 사회주의 사상'은 단순히 중국 내부의 발전 전략에만 머무는 것이 아니라, 서구식 정치경제 제도와의 경쟁을 통해, 향후 중국이 글로벌 거버넌스 체제의 개혁을 주도해 나가겠다는 의지가 반영되어 있다는 점에서 더욱 중요한 함의를 갖는다.

즉, 시진핑 체제는 기존부터 강조해 왔던 중국의 '핵심 이익'을 지키기 위한 전략을 지속적으로 추진하는 한편, '신형 국제 관계'나 글로벌 거버넌스의 주도적 개혁과 같은 적극적인 비전을 제시하고 있다. 구체적으로 시진핑 주석은 19차 당대회 보고에서 "신시대 공산당의 역사적 임무는 중화 민족의 부흥이며, 이를 위해 중국 특색 사회주의를 견지하고, 대외적으로 책임 있는 대국의 역할을 발휘하여 적극적으로 글로벌 거버넌스 체제 개혁과 건설에 참여"해야 한다고 강조했다. 다시 말해 현재 미국을 비롯한 서구 중심의 국제 관계는 불공정하고 합리적이지 않기 때문에, 중국이 적극적으로 나서서 국제통화기금과 세계은행 등 글로벌 거버넌스 체제의 개혁을 추진해 나가겠다는 것이다.

특히 시진핑 주석은 2016년 중국 공산당 정치국 학습 토론회에서 글로벌 거버넌스 개혁이 "함께 협상하고, 함께 건설하며, 함께 누리는" 방식으로 전개되어야 하며, 미국 중심의 일방주의와 패권주의를 재편할 필요가 있음을 재차 강조했다. 그리고 이러한 중국의 전략적 구상은 정치적 구호에 그치지 않고, '일대일로'와 '아시아 인프라 투자은행(AIIB)'의 창설, 미국을 배제한 '역내 포괄적 경제 동반자 협정(RCEP)'의 출범 등 보다 구체적인 정치경제 전략으로 이어지고 있다.

또한 중국은 아시아를 거점으로 다자간의 새로운 협력 체계를 구축하는 데도 적극적으로 나서고 있다. 무엇보다 중국이 '일대일로'의 유라시아 경제 협력 기획과 아시아를 중심으로 한 '신형 국제 관계' 건설을 주도하며, 세계적으로 다자간의 협력 체계를 중층적으로 이끌어가고 있는 것은 동북아 지역 정치경제 지형의 변화에도 지대한 영향을 미치고 있다는 점에서 더욱 주목할 필요가 있다.

시진핑 신시대, 미중 갈등과 동북아 지역질서

주지하듯이 동북아 지역질서의 핵심적 변수는 중국이 세계 제2위의

조 바이든(오른쪽) 부통령이 미국 워싱턴의 백악관 루스벨트룸에서 14일(현지시간) 시진핑(왼쪽) 중국 국가부주석을 만나고 있다(2012.02.14). ⓒAP=연합뉴스

경제 대국으로 부상하면서 점차 심화되고 있는 미국과의 갈등 구조의 향방이다. 특히 중국의 경제적 부상을 목도하면서 최근 학계에서는 중국과 미국 간 헤게모니 경쟁이 심화되어 '신냉전' 시대가 열릴 것이라는 예측도 많이 나오고 있다. 물론 미국과 중국 간의 경제적 의존 관계나 핵무기와 같은 군사력을 감안할 때, 헤게모니 경쟁이 실제 전쟁으로 비화될 가능성은 극히 적을 것이다.

　　그러나 2018년 3월 이후 본격화하여 현재까지 지속되고 있는 미국과 중국 간의 '무역 갈등'은 표면적으로는 통상 무역과 관세를 둘러싼 경제 문제에 집중된 것처럼 보인다. 하지만 그 이면에는 세계 체제의 패권을 놓고 벌이는 헤게모니 경쟁과 체제 경쟁이 어느 정도 내장되어 있음이 분명해 보인다. 즉, 워싱턴 컨센서스로 대표되는 미국 헤게모니의 쇠퇴와 이에 대응하는 새로운 잠재적 헤게모니 권력인 중국의 급부상이 격전을 벌이는 양상이다.

따라서 현재 진행되고 있는 미중 간의 무역 및 기술 경쟁은 단순히 경제적인 문제로만 접근해서는 그 맥락을 제대로 이해할 수 없다. 이는 지난 10월 미국 뉴욕에서 열린 제73차 유엔 총회에서 있었던 트럼프 전 대통령의 연설에서도 잘 드러난다.

그는 중국을 겨냥해 "더이상 미국의 근로자들이 희생되고, 미국 기업들이 속임을 당하고, 미국의 부(富)가 약탈당하고 이전되도록 허용하지 않겠다"고 강조했으며, "세상의 모든 나라들이 사회주의를 저지해야 한다"고 주장했다. 이는 "경제 안보가 곧 국가 안보"라는 미 행정부의 정책적 기조와 상통하는 것이며, 시진핑 주석이 강조하고 있는 중국 특색의 사회주의 모델에 대한 부정적 인식을 기저에 깔고 있다.

특히 이러한 미중 관계의 불안정성과 갈등의 심화는 현재 대만과 홍콩 문제, 4차 산업혁명 시대의 기술 경쟁, 이념과 가치의 대립 등으로 확산되고 있다. 지난 2월 10일 바이든 미국 신임 대통령과 시진핑 주석의 첫 통화에서 드러났듯이 트럼프 시기와 그 양상은 조금 다를 수 있지만, 전반적으로 볼 때 미중 갈등 구조는 당분간 지속될 전망이다.

무엇보다 우려되는 것은 미국과 중국 간의 패권 경쟁이 고조되면서, 기존의 기술 경쟁과 무역 갈등을 넘어 정치안보적 위기로까지 상황이 격화되는 것이다. 실제로 최근 남중국해 영유권과 인도-태평양 지역 내 영향력 확보를 둘러싼 미중 갈등이 격화되면서 미국과 중국이 서로 상대 영사관을 폐쇄하는 등 극한의 상황까지 치달았던 경험이 있다.

따라서 미국과 중국의 패권 경쟁이라는 갈등 구조가 향후 어떤 양상으로 전개될 것인지가 한반도를 비롯한 동북아시아 지역질서 및 정세에 결정적 변수로 작용할 것이다. 한반도야말로 경제와 안보의 측면에서 중국과 미국의 직접적인 영향력에 놓여 있으며, 갈등과 협력의 이중적 난제에 직면해 있기 때문이다. 이러한 측면에서도 한국 정부는 미국과 중국 어느 한쪽에 단순히 편승하기보다는 동북아 역내의 평화와 공동 번영을 위한 정책적·제도적 대책 마련에 모든 역량을 집중해야 할 때다.

바이든 정부 견제에
다시 '희토류' 카드 만지작거리는 중국

배수진 치는 중국, 실효성 있을까?

2021년 1월 20일(현지 시각) 미국은 바이든 시대를 맞이했다. 세계 각국은 지난 4년의 미국과는 사뭇 다른 모습을 기대하며 바이든 정부의 출범을 지켜봤을 것이다.

지난 몇 년간 미국과의 팽팽한 통상 갈등을 유지해 온 중국은 정권 교체를 계기로 새로운 돌파구를 마련하고 싶은 기대가 있을 것이다. 또 이들 사이에서 살얼음판을 걷고 있는 한국도 '동맹국 찬스'가 다시 복구될 것을 내심 기대하는 눈치다. 하지만 각국이 원하는 대로 될지는 지켜볼 일이다.

바이든 행정부는 출범과 함께 미국무역대표부(USTR)의 수장으로 대만계 미국인 캐서린 타이(Katherine Tai)를 지명하며 중국에 대한 통상 압박을 시사했다. 타이 대표가 이목을 끄는 것은 오바마 행정부 당시 그의 행적 때문이다. 2011년 대중 무역을 담당했던 그는 여러 차례 중국의 불공정 무역 관행에 대해 WTO에 제소하여 승소를 이끈 저력이 있다.

바이든 정부는 일찍이 중국의 투자 보조금, 강제 기술이전, 인권 문제 등 불공정 무역 관행에 대해 강경하게 대응하겠다고 밝힌 바 있다. 이에 대해 그가 누구보다 이해도가 높은 만큼 중국도 긴장하지 않을 수 없을 것이다. 하지만 중국의 반격도 만만치 않다. 미국의 통상 압박에 대해 다각도의 대응책을 마련하여 배수진을 치고 있다.

미국의 일방적 통상 조치에 대응하기 위한 법제 구축하는 중국

미국은 지난 4년간 중국의 통상 갈등을 해결하기 위하여 국제 규범 체제보다는 자국의 국내 규범을 활용했다. 오히려 국제 통상 분쟁 해결 메커니즘인 WTO 상소 기구를 무력화하는 데 일조하기도 했다. 이러한 행태는 중국이 미국과의 통상 갈등에 대비하는 하나의 지침이 되었을 것으로 본다. 이에 따라 중국은 미국의 일방적 통상 조치에 대응하기 위한 국내 규범적 근거를 적극적으로 마련하고 있는 것이다.

중미 통상 분쟁이 심화되고 있었던 지난 2019년, 미국 상무부는 화웨이를 비롯한 중국 하이테크 기업에 대한 제재성 행정 명령을 발표했다. 이에 대응하여 중국 상무부는 외국 기업을 대상으로 '신뢰할 수 없는 주체 명단에 대한 규정(不可靠實體淸單規定)'을 발표했다. 미국의 행정 명령과 마찬가지로 국가의 이익에 피해를 끼치는 외국 기업에 대해 수출입 및 대중국 투자제한 등의 보복 조치를 국내 규정에 근거하여 합법적으로 실시할 수 있도록 한 것이다.

이에 이어 2020년 10월과 12월에는 '수출통제법(出口管制法)'과 '외국인 투자 안전 심사 방법(外商投資安全審査辦法)'을 각각 제정하여 국가 안보 위협과 국가 이익 저해를 이유로 수출 통제나 외국인 투자를 제한할 수 있는 법률 근거를 마련했다. 2018년 트럼프 정부 당시 국가 안보의 위협을 이유로('무역 확장법' 제232조) 수입산 철강 및 알루미늄에 대해서 보복 관세를 부과하여 국제 사회로부터 우려를 자아낸 바 있다.

'국가 안보의 위협'이라는 것은 자의적인 해석의 폭이 넓어 남용될 경우, 국제 통상 질서를 유지하는 데 걸림돌이 될 수 있다. 바이든 정부는 국제 규범 준수를 중요시하고 있어 당분간 무역 확장법 제232조에 근거한 일방적 조치를 실시하지는 않을 것이다. 하지만 미국의 대중국 통상 강경 정책에 대응하여 오히려 중국이 이를 적극적으로 활용할 가능성이 커 보인다.

한편, 중국은 최근 미국의 화웨이(Huawei) 제재에 대응하기 위하여 '외국 법률·조치의 부당한 역외적용 저지방법(阻斷外國法律與措施不當域外適用辦法)'을 제정했다. 이는 미국의 '수출 관리 규정(Export Administration Regulation)'에 근거한 수출 통제 제재 리스트의 발동이 부당하다고 판단될 경우, 이에 대한 이행을 금지할 수 있는 법적 근거가 된다. 이러한 조치는 디지털 통상을 국가 안보와 연결 짓고 있는 중국이 '국가 안보의 위협'이라는 카드를 매우 적극적으로 활용한 예로 볼 수 있다.

'희토류' 카드 다시 만지는 중국

중국은 미국의 통상 압박에 대응하여 자원의 무기화도 염두에 두고 있는 듯하다. 올해 1월 중국 공신부(工信部)는 국가가 희토류에 대한 전체적인 지표 관리를 실시한다는 내용을 골자로 하는 '희토류관리조례(의견수

렴안)(稀土管理條例 (征求意見稿))'(이하 조례안)을 발표했다.

조례안은 수출통제법에 따라 희토류가 전략 자원으로 분류되면서 이에 대한 관리 강화 차원으로 제정된 것이다. 실질적으로는 국가가 희토류에 대한 생산과 유통 등 전반적인 관련 산업을 관리 감독이라는 명목하에서 엄격하게 통제하기 위함이다.

중국은 2010년 일본과의 영유권 분쟁의 보복 조치로 대일본 희토류 수출 제한 조치를 실시한 바 있다. 희토류는 4차 산업에서 없어서는 안 될 핵심 전략 물자다. 중국이 전 세계 희토류 공급의 80%를 차지하고 있는 상황에서 공급을 중단할 경우, 당장 산업 전반에 치명적 손실을 입게 된다. 이 때문에 일본도 중국의 희토류 카드에 백기를 들었다.

이에 대한 전략적 가치를 잘 알기에 중국은 이를 합법적으로 이용할 수 있는 카드로 만들기 위해 법률적 근거를 마련하고자 하는 것이다. 그런데 중국은 일본과의 관계와는 달리 미국과는 전략 물자의 의존이 서로 교차하고 있다.

예를 들어, 중국의 항공우주 산업의 핵심 자원인 헬륨의 경우, 미국의 의존도가 높다. 이러한 이유로 중국의 입장에서 희토류 카드를 마음 편히 사용하기는 쉽지 않다. 하지만 중국 입장에서는 여차하면 미국과의 자원 전쟁도 불사하겠다는 강경한 의지를 드러냈다고 볼 수 있다.

미국의 반중(反中) 연합 전선 고리 끊는 중국

마지막으로 중국은 반중 동맹 세력의 무력화를 노리고 있다. 바이든 정부는 트럼프 정부의 대중국 강경책을 실패한 정책으로 평가하고, 동맹국과의 연대와 협력으로 중국의 불공정 무역관행에 대응할 것이라 밝힌 바 있다. 이에 중국도 발 빠르게 미국의 대표적 동맹인 EU와의 결속 다지기에 나섰다. 2020년 12월 31일, 7년간 진행된 EU와의 '포괄적 투자협정(Comprehensive Agreement on Investment)'에 원칙적 합의를 이끌어낸 것이다.

이에 따라 미국은 반중 연합전선의 셈이 복잡해지게 되었다. 미국은 내심 EU가 중국 압박에 있어 뜻을 같이하는 동맹으로 인식했다. 하지만 중-EU 투자 협정 체결로 대중 압박의 효과가 기대에 미치지 못할 가능성이 커졌다. 영국, 캐나다 그리고 호주 등과 연합하여 중국을 압박한다고 하더라도 중국의 제1, 2위 교역 파트너인 아세안과 EU가 중국 측으로 기울어져 있는 상황이다. 반면, 중국은 미국의 압박 속에 든든한 지원군을 마련한 셈이 됐다.

미국의 통상 압박에 대응하는 중국의 대응 방법이 다각화됨에 따라서 중미 간 통상 갈등의 방정식은 더욱 복잡해질 것으로 전망된다. 미국이 중국의 약점인 환경과 노동 문제로 압박하는 첫수를 두고, 이에 대응하는 중국의 배수진이 아직은 팽팽해 보인다.

중미 통상 분쟁에서 국가 안보, 국가 이익, 환경, 노동 등의 쟁점이 핵심이 되면서 국제 사회의 지지가 더 높은 국가에게 유리한 형국이 전개될 가능성이 높다. 이에 따라 숨죽이며 이를 지켜보고 있는 주변국은 양국으로부터 '선택'에 대한 압박이 점차 강화될 것이라는 점을 유념해야 할 것이다. 일화 되어가는 이데올로기에 대한 공포감에서 기원하는 것은 아니었을까?

임진희
2021. 2. 26.

미얀마 정변을 바라보는 미국·중국, 그리고 세계의 시각은?

2021년 2월 1일, 미얀마 군부가 쿠데타를 일으키고 1년간의 비상사태를 선포하였다. 이에 따라 민 아웅 흘라잉(Min Aung Hlaing) 군 총사령관이 권력을 이양받았다. 그들은 아웅산 수치(Aung San Suu Kyi) 국가 고문과 여당 민주주의 민족동맹(NLD) 소속 의원 등 400여 명을 구금하였고, 현 정부 장·차관 24명을 교체했으며, 새로이 11개 부처 장관을 지명하였다. 영국으로부터 독립한 이후에만 1962년, 1988년 그리고 2021년 세 번째로 일어난 군부 쿠데타이다.

미얀마 군부가 내세운 이유는 2020년 총선에서 있었던 부정에 대해 문민정부가 제대로 조사하지 않는다는 것이다. 그러나 아직까지 분명한 증거는 제시하지 못했다. 그리고 전문가의 대다수는 권력을 둘러싼 미얀마 군부와 민주 세력 사이의 갈등이라 분석한다.

미얀마 군부는 수십 년간 권력을 독점하였고, 문민정부 취임과 민주화 이후에도 막강한 권력을 행사했다. 그러나 선거의 패배로 군부 권력의 방패막인 헌법이 개정될 수 있다는 위기감이 쿠데타의 중요한 이유라고 설명한다.

미얀마 시민은 어렵게 되찾은 자유와 민주를 지키기 위해서 나섰다. 쿠데타 다음 날인 2월 2일, 활동가와 시민 단체 등은 '시민불복종운동(CDM, Civil Disobedience Movement)'을 개시하였다. 이에 따라서 일부 시민은 일터에서, 다른 일부는 거리에서 저항하였다.

그러나 군부 측이 무력과 통제로 대응하자 시민의 저항도 거세지며 결국 19일 20대 젊은이가 경찰 총에 맞아 사망하는 사건이 발생한다. 그리고 지금까지 민간인 4명이 사망하고 수백 명이 부상당했다.

미얀마 정변을 바라보는 미국과 세계는

쿠데타가 발생한 이후, 사태를 관망하던 전 세계의 여론도 반응한다. 미국은 비교적 이른 11일 쿠데타의 주역인 민 아웅 흘라잉 최고사령관, 소에 윈(Soe Win) 부사령관 등을 포함한 총 10명의 군부 지도자와 3개의 기업에 제재 조치를 내렸다.

이어서 22일에는 추가로 군 장성 모민툰(Moe Myint Tun)과 마웅마웅초(Maung Maung Kyaw)도 제재한다고 발표했다. 언론의 보도에 따르면 이들은 향후 미국 내 자산 동결, 자금 거래와 입국 금지 등의 제재를 받는다.

유럽 연합도 적극적이다. 지난 11일 외무장관들이 공동 성명을 통해 유럽 연합은 쿠데타에 직접적으로 책임이 있는 이들을 겨냥한 제재 조치를 채택할 준비가 되었다고 밝혔고, 이어서 22일 실제로 제재 조치에 합의했다고 전해진다.

주요 7개국(G7) 외교 장관들도 23일 공동 성명을 통해 시위대에 폭력을 행사한 군부를 규탄하고, 민주주의와 자유를 외치는 미얀마 국민의 편에 설 것이라 밝히며, 군부에게 폭력을 자제하고 인권과 국제법을 존중하라 촉구한 것으로 알려졌다.

미얀마의 이웃인 아세안의 경우는 미묘하다. 인도네시아가 아세안 회원국들과의 회의에서 '아세안 참관 하의 재선거'라는 해법을 제시했다고 전한다.

그리고 외신은 미얀마 군정 외교 장관이 태국 등을 방문하면서 태국, 인도네시아 외무장관을 만나 수습안을 논의하고 있다고 보도하였다. 그런데 이러한 제안은 사실상 미얀마 군부가 쿠데타의 이유로 내세운 부정선거를 인정하는 것이고, 시위대가 배후로 의심하는 중국이 지지하는 안이라 시민들의 반발이 심하다.

쿠데타의 배후로 지목되는 중국은 억울한가

한편, 중국은 초기에 신중한 관망의 태도를 보였다. 국제 사회의 비난 여론에도 "미얀마의 안정을 희망한다" 혹은 "원만히 해결하길 바란다" 등의 원론적인 입장만 반복하고 있다.

실제 2월 2일에 열렸던 유엔 안전보장이사회 긴급회의에서는 중국이 러시아와 함께 미얀마 군부 비판을 거부한 것으로 전해진다. 나아가 초기에 관영 언론은 "현지 전통과 강제된 서구 제도의 갈등"이라는 남다른 분석과 "결국 관건은 정치 '안정'과 경제 '성장'일 것"이라는 어딘가 익숙해

2021년 2월 22일(현지 시각) 미얀마 만달레이에서 시민들이 쿠데타에 항의하고 있다. ⓒAP=연합뉴스

진 주장을 내세웠다.

　　그러나 일각에서 나오는 중국의 배후설은 적극적 반론을 제기하고 나섰다. 미얀마 내부에서 중국이 미얀마 군부에 군대와 무기를 지원하고 있다는 소문과, 시위의 통제에 쓰이는 인터넷 장벽과 전문가 역시도 중국이 출처라는 이야기가 흔하게 들려온다.

　　이에 군부 쿠데타에 반대하는 미얀마 시위대는 중국을 비판하며 미얀마 주재 중국 대사관 앞에서 항의 시위를 하거나, 시진핑 국가 주석에게 공개 서한을 보내고 중국 제품을 불매하는 등으로 불만을 표시했다.

물론 중국 정부는 이를 적극 부인한다. 주미얀마 중국 대사 천하이(陳海)는 언론 인터뷰를 통해 중국 정부는 미얀마 군부 쿠데타를 사전에 몰랐다고 전했다. 그리고 중국은 미얀마 민주화 세력과 동시에 군부와도 원만한 관계를 유지하고 있었다고 전하며, 현재 상황은 중국이 원하지 않는 것이라 밝혔다.

특히 중국에 관련된 몇몇 소문은 말도 안 되고 우스운 소리라 덧붙였다. 중국 언론은 이의 배후로 소위 밀크티 동맹과 같은 반중국 세력을 지목하기도 한다.

미중의 대결로 이어지며 본질은 흐려져

그런데 미얀마 군부의 쿠데타, 시민의 저항과 희생에 쏠리던 세계의 시선은 시간이 흐르며 점차 미얀마 내부를 넘어서 글로벌 강대국 알력의 장으로 화하는 모습이다.

미국을 비롯한 서구의 주요 국가가 쿠데타를 일으킨 군부를 비판하고 시위대 저항을 지지하는 반면, 중국은 여전히 신중하고 나아가 군부의 배후라는 의심을 받기에 그러하다. 외부자의 알력으로 미얀마 상황이 더욱 복잡해지고 해결도 어려워지는 것이 아니냐는 우려가 현실이 되어 간다.

물론 강대국의 간접적 개입으로 미얀마의 어려운 상황이 국제 사회의 관심을 받으면서 유수 언론들의 조명을 받는 것이 사실이다. 나아가 그러한 이유로 향후 미얀마 군부의 행동에, 특히 무력 사용과 같은 대응에 다소 제약이 걸리는 것도 사실이다.

하지만 이와 동시에 미얀마의 역사가 복잡한 이해와 더불어 글로벌 강대국, 특히 미중의 이해까지 불필요하게 엮이는 것이 때로는 문제 해결을 어렵게 하거나 장기화시키는 경우도 있다는 사실을 우리는 누구보다 잘 알고 있다.

비정한 국제 정치의 현실이 그러하지만, 미얀마 내부에서 살아가는 사람보다 미중과 자국의 개입이나 이해를 고찰하고 수지를 타산하며 미얀마를 바라보는 현실이 안타깝다. 미얀마라는 본질을 벗어나면서 문제가 복잡해진다. 제3자로 한 번쯤은 '자유와 민주주의', '안정과 경제 성장' 사이의 경쟁에서 미얀마 사람들이 무엇을 원하는지, 그리고 동남아시아 정치의 역학관계에 벗어나 그들이 지키려 하는 혹은 쟁취하려는 것이 무엇인지 자세히 들어 보고 관심을 가져 보는 것은 어떠할까.

임진희
2021. 5. 24.

이스라엘·팔레스타인 대립에
미국 때리는 중국

생명도 인권도, 국익 앞에 수단이 되었다

최근 중동의 이스라엘-팔레스타인(이하 이-팔) 간 무력 충돌이 또다시 일어났다. 이-팔 갈등은 20세기 유산이자 미완의 과제이다. 이번 충돌은 지난 5월 7일 이슬람 최대 명절인 라마단의 마지막 금요일에 시작되었다.

동예루살렘 성지 알아크사 사원에서 종교 의식을 치르던 팔레스타인 사람의 일부가 반이스라엘 시위를 벌이자 이스라엘 경찰이 사원에 진입하여 최루탄과 고무탄, 섬광 수류탄 등을 사용하여 강경하게 진압하며 양측이 충돌했다고 전해진다.

이어 10일 오후, 팔레스타인 무장 단체 하마스가 경찰의 철수를 주장하며 이스라엘을 향해서 로켓포를 발사하였다. 그들은 이스라엘이 가자지구 공습을 단행하면서 하루 만에 팔레스타인의 어린이 9명을 포함한 20여 명이 숨졌다고 주장했다.

이스라엘군은 팔레스타인 무장 단체가 이스라엘로 로켓포 150발을 발사했다고 밝히며, 그들도 이에 대응하여 당일 팔레스타인 가자지구 무장조직 하마스 시설과 병력을 겨냥한 대규모 공급을 진행했다고 전했다.

양측의 공격은 19일까지 열흘간 이어졌다. 팔레스타인에서는 어린이

이스라엘과 팔레스타인 하마스가 휴전을 선언한 가운데 21일(현지 시각) 팔레스타인 가자지구에서 환경미화원이 폭격 잔해물을 청소하고 있다. ⓒAP=연합뉴스

64명을 포함한 227명이 죽었고, 3천 발이 넘는 하마스 로켓포가 떨어진 이스라엘에서는 12명이 목숨을 잃었다고 전해진다. 무고한 생명들이 얽혀서 스러지고 있지만, 양측은 투쟁을 이어갈 것이라 말한다. 이스라엘 네타냐후 총리는 이스라엘 시민들이 평온함을 되찾을 때까지 폭격을 계속할 것이라 밝혔으며, 하마스는 이스라엘로부터 어떠한 휴전 요구도 받지 않았고 침략에 대한 저항은 영웅이라 덧붙였다.

관련한 국제사회 반응은

국제 사회는 무차별, 비대칭 폭력에 우려를 표하며 중단을 촉구했다.

각국의 개별적 노력과 더불어 헝가리를 제외한 유럽 연합 26개국 외무 장관은 긴급 회의를 개최하고, 이-팔 간의 휴전을 촉구하면서 결의안을 발표했다.

유엔 사무총장은 이스라엘과 하마스의 무력 충돌을 용인할 수 없다며 즉각적 휴전을 촉구했다. 유엔 안보리 상임 이사국 프랑스는 이집트, 요르단 등과 함께 가자지구 폭력 행위 중단을 요구하는 결의안을 제출했으나 미국의 반대로 실패했다.

미국은 신중할 뿐이라 말한다. 그러나 4차례에 걸쳐 유엔 안보리 공동 성명을 저지하면서 사실상 이스라엘의 살상을 두둔했다는 비판에 직면했다.

토머스 그린필드 유엔 주재 미국 대사가 "미국은 갈등 중단을 위해 외교적 채널로 노력 중"이라 했지만 쏟아지는 비판을 막기는 어려웠다. 결국은 압박에 못 이긴 바이든 대통령이 네타냐후 총리와 통화하고 휴전의 지지를 표명하였다. 그러나 동시에 이스라엘 방어의 권리도 인정하여 미온적 태도를 유지한다.

이러한 미국에 강력한 비판과 반대를 표명한 이들이 대척점에 서있는 국가다. 대표적인 사례가 터키와 이란이다. 레제프 타이이프 에르도안 터키 대통령은 이스라엘에 7억 3,500만 달러 상당의 무기를 판매하려는 미국을 향해서 "미국이 피 묻은 손으로 역사를 쓰고 있다"며 비판했다.

그리고 모하마드 자바드 자리프 이란 외교 장관은 프란치스코 교황에게 "인도주의에 반하는 상황이 벌어지고 있다"며 팔레스타인에 대한 인도적 지원을 호소한 것으로 알려졌다.

미국의 이중적 행보에 중국이 던진 한마디

바이든이 이끄는 미국을 위시한 이들에게 인권 침해를 이유로 공격받던 중국도 반격에 나섰다. 외신에 따르면 16일 유엔 안보리 회의에서 중국의 왕이 외교 부장은 유감스럽게도 일국의 반대로 팔레스타인 분쟁과 관련해 안보리가 목소리를 내지 못하고 있다고 밝혔다.

그는 미국이 팔레스타인 문제에 책임감을 가지고 공정한 입장을 취하길 바라며 긴장 완화를 위해 안보리 성명을 함께 지지하길 촉구한다고 미국을 강하게 몰아붙였다. 2020년 홍콩 보안법 문제로, 2021년 신장과 티베트 인권 문제로 연이어 공격받던 중국이 기회를 포착한 셈이다.

나아가 중국 언론은 사실상 문제의 책임이 미국과 서방에 있다고 보도했다. 이-팔 갈등의 시작은 미국을 비롯한 강대국 정치에 약소국 국민이 희생된 것이며, 현재의 중동 정세와 팔레스타인 고립도 '아랍의 봄' 여파와 2014년 이-팔 충돌 이래 미국과 이스라엘 행보의 영향이라고 주장했다. 지난 몇 년간 이어졌던 이스라엘을 향한 트럼프 정부의 편향적 정책도 덧붙였다.

그러면서 이들은 종전 이후 미국이 수십 년 동안 외쳤던 인권이 정치적, 위선적 도구일 뿐이라고 전했다. 미국은 중동 전쟁과 함께 아랍의 봄을 통해서 무고한 민중의 생명과 삶의 터전을 망가뜨렸을 뿐이라는 것이다.

이들은 쿠바와 베네수엘라, 시리아에 대한 제재로 일반인이 고통받을 때, 미국의 60만 인구가 '코로나19'로 사망하고 인종 갈등과 국내 혼란에 시달릴 때, 의료 용품을 둘러싼 민족주의로 동맹이 고통받을 때에도 미국은 인권에 관심이 없었다고 주장했다.

생명과 인권도 국익 앞에 수단일 뿐이면

중국이 인권에 관련한 미국의 위선과 선택적 관심을 지적한 것은 올바르고 타당한 주장이다. 다만 미국의 선택을 비호할 생각이 없다고 해도, 현실을 자세히 본다면 이러한 상황은 나라를 가리지 않는다. 보편적 현상일 뿐이다.

중국도 필요한 경우에 개인의 생명과 권리의 훼손을 과감히 넘긴다. 때로는 자국의 국민도 예외는 아니다. 실제로 모두가 자국의 사정과 이익에 따라서 필요할 때에는 인간의 생명과 권리에 관심을 갖지만 그렇지 않은 경우에는 무시할 뿐이다.

이스라엘과 하마스 양측은 종전이라는 논의가 오가는 현재까지 공습을 이어가고 있으며, 심지어 원하는 목표를 달성할 때까지 작전은 계속될 것이라 선언도 했다. 앞으로 무고한 사람들 특히 어린이, 여성, 노인과 같은 민간인 피해가 얼마나 커질지 짐작하기도 어렵다.

개인과 사회의 차원에서 보면, 이는 엄청난 비극이다. 그러나 국가에서 나아가 세계의 단위로 보면, 원하는 목표와 이익을 위해서 감수할 수밖에 없는 다소의 희생일 뿐이다. 생명과 인권조차 국익 앞에서는 수단으로 전락하는 것이다.

현실이 냉혹한 데에다 미중의 갈등이 치열해 인간 안보나 기후 대응과 같은 개인의 삶에 영향을 주는 문제가 그 자체로 관심을 받기보다는 강대국 갈등이나 경쟁의 수단으로 변하게 되었다. 이것은 어쩔 수 없는 일이다. 그러면 우리는 무엇을 해야만 하는가.

국가가 국가이기에 그러해야만 한다면, 우리는 개인이면서 잠재적 대상이기에 자신과 타인을 위해서 할 수 있고, 해야 하는 일을 찾아야 할 것이다. 어떻게 공감하고 연대할 것인지 고민이 필요해진 시점이다.

'글로벌 거버넌스' 둘러싼 미국과 중국의 한판 대결

미중 대결, 어제오늘 일 아냐

2016년 시진핑(習近平) 총서기는 중국 공산당 중앙정치국 집체 학습에서 '글로벌 거버넌스'를 강조했다. '글로벌 거버넌스'란 세계 정부가 없는 상황에서 세계적 문제를 해결하기 위해 국가들끼리 체계적으로 협력하는 것을 의미한다. 글로벌 안보, 생태 환경, 국제 경제, 국제 범죄 등 한 국가만으로는 해결하기 어려운 문제들에 대한 협력이 '글로벌 거버넌스'의 대상이다. 또한 전쟁이나 충돌과 같은 무력을 이용한 방식이 아닌 협상과 협력을 통해 실현하는 것을 '글로벌 거버넌스'의 목표로 삼는다.

그밖에 '글로벌 거버넌스'가 국가 간 협력과 다른 점은 기구화 된 협력이라는 점이다. 기구화 된 협력의 대표적인 예로는 G20, BRICS(브릭스), AIIB(Asian Infrastructure Investment Bank, 아시아 인프라 투자은행) 등이 있다. 이러한 기구를 통해 국가들은 지역별, 지구별 협력을 도모한다.

중국, 미국의 글로벌 리더십에 도전하다

냉전 이후 '글로벌 거버넌스'는 헤게모니 국가인 미국을 중심으로 이뤄졌다. 그러나 금융 위기 이후 미국의 헤게모니가 약해지기 시작하면서 '글로벌 거버넌스' 체계에 새로운 변화가 생겨나기 시작했다.

중국 상하이 국제문제연구원 원장 천동샤오(陳東曉)에 따르면, '글로벌 거버넌스' 체계의 새로운 변화는 4가지로 정리할 수 있다. 첫째, 리더십의 분화다. 오늘날 글로벌 리더십은 크게 전통적 리더십과 신흥 리더십으로 나뉘어졌고, 그들 간의 갈등 및 협력이 이루어지고 있다. 둘째, 거버넌스의 이념과 가치를 둘러싼 '글로벌 거버넌스' 담론권 경쟁이 일어나고 있다. 2008년 국제 금융위기 이래 신흥 경제 체제를 중심으로 하는 다원적 발전 모델이 주목받고 있다. 셋째, 거버넌스 체계의 파편화이다. 중국 등 일부 국가들이 현행 거버넌스 체계의 대표성, 유효성에 대해 의구심과 단점을 제기하고 있어 세계적 차원에서 분열이 일어나고 있다. 넷째, 국내 거버넌스의 국제화이다. 상호 의존적 글로벌 경제에서 각 국가의 국내 정책 파급 효과(spillover effect)와 반향 효과(echo effect)가 두드러지고 있다.

이 새로운 변화를 한마디로 정리하자면, 미국의 글로벌 리더십에 대한 도전 세력이 등장했다는 것이다. 특히 중국은 현행 글로벌 시스템이 오늘날의 시대에 부적합하다는 점을 계속 지적하고 있으며, 그것이 세계 평화와 발전 추세에 저해가 되고 있다고 주장한다.

중국의 논리는 이렇다. 지금의 '글로벌 거버넌스'는 미국이 만들어 놓은 것이므로, 당연히 미국의 헤게모니를 유지하기 위한 질서로서, 많은 나라에게 정의롭지 못하다. 그러므로 '보다 평등하고, 보다 포용적인' 정책

결정 기제를 수립해야 하며, 양자적·다자적 안보 동맹을 통해 글로벌 안보 위기를 해결해야 한다는 것이다.

중국은 이런 입장을 가장 잘 표현한 것이 바로 '신안보관'이라고 주장한다. 이것은 명백히 미국의 헤게모니에 대한 도전이며, 현행 '글로벌 거버넌스'에 대한 도전이다. 이를 통한 중국의 최종적인 목표는 글로벌 질서를 개혁하는 것이다. 이를 위해 중국은 일대일로, 신형대국 관계, 인류 운명공동체 등의 개념을 줄줄이 계발하였다.

중국은 왜 세계 질서를 바꾸려고 하는가?

개혁개방 이후 중국의 경제는 무서운 속도로 살아나기 시작했다. 경제적 자신감이 높아지면서 중국은 슬슬 '글로벌 거버넌스'에 눈을 돌리기 시작했다. 중국은 날카로운 칼날을 숨기던 시절(韜光養晦)에서 벗어나서 세계에 우뚝 서서 자신을 드러내길 원하기 시작했다. 그리고 서구의 룰에 따라 움직이는 세계를 중국에게 유리한 방향으로 바꾸고자 했다.

경제와 함께 정치적·군사적 자신감도 높아지면서, 중국은 세계의 중심을 워싱턴에서 베이징으로 옮기고자 했다. 2010년대 이후에는 '글로벌 거버넌스'에 대해 소극적인 자세에서 벗어나 적극적인 자세로 전환했다. 이와 더불어 중국 규범, 중국 표준, 중국 가치를 이야기하기 시작했다. 나아가 제3세계의 권위주의 국가들과 함께 표준을 창출하고자 했다. 서방세계에서 이는 중국의 지도자들이 과거 진나라 때 누렸던 세계적 영향력을 되찾는 꿈을 꾸고 있는 것으로 비춰졌다.

중국의 핵심 이익과 글로벌 거버넌스의 추구

물론 '글로벌 거버넌스'를 향한 중국의 노력이 폭력적이거나 강압적이라고 할 수는 없다. 중국이 세계 권위주의 국가들의 협력을 마다하지 않는 것은 사실이나, 그들 국가가 경제적 또는 정치적으로 열세하기 때문에 중국과의 협력을 적극적으로 받아들이고 있는 것 또한 사실이기 때문이다.

미국을 중심으로 한 진영을 소위 민주 진영이라고 부를 수 있는데, 그들 국가 내부의 의사 결정은 권위주의 국가들과 같이 신속하고 효율적으로 이루어질 수 없었다. 이런 상황에서 중국이 다른 권위주의 국가들과의 협력을 통해 신속하고 효율적으로 중국의 이익을 반영한 세계 규범을 확립하고자 하는 것 또한 인지상정이다.

그러나 미국의 입장에서는 미국 소외, 미국 고립, 미국과의 선 긋기 등으로 느껴질 수 있다. 국제인권감시기구의 소피 리처드슨을 비롯한 선진국들 또한 중국의 그러한 시도가 세계 인권에 이득이 되지 않는다고 본다.

1953년 저우언라이(周恩來) 총리의 '평화 공존의 5가지 원칙'은 전통적인 중국의 외교 원칙이다. 즉, 주권과 영토의 완전성, 상호 불침략, 서로의 내정에 대한 간섭, 평등과 상호 이익, 평화로운 공존에 대한 상호 존중을 침해하지 않는 한 중국은 다른 나라와 평화로운 공존을 추구한다는 것이다.

저우언라이의 5원칙에서 출발하여 후진타오(胡錦濤) 전 주석은 '화해 세계'라는 개념을 주장하기도 했다. 시진핑 주석도 5원칙을 계승하여 주변 국가와 전략적 동반자 관계를 맺고 있다. '평화'와 '공존'을 내세운 5원칙을 풀이하자면 다음과 같다. 중국의 주권은 건드리지 마라. 중국의 영

(위) 취임식에서 연설하는 바이든 미국 대통령 ⓒEPA=연합뉴스
(아래) 브릭스 정상회의서 다자주의 강조하는 시진핑 ⓒ신화=연합뉴스

토를 침범하지 마라. 중국의 내정은 간섭하지 마라. 중국의 이익을 침해하지 마라. 이 5원칙을 지키면 서로 존중하고 평화롭게 공존할 수 있다는 것이다.

　이것은 다시 2011년 국무원에 의해 6가지 핵심 이익으로 정리되었다. 그것은 국가 주권, 국가 안전, 영토의 완전성, 국가 통일, 중국의 정치 제도와 사회 안정, 경제의 지속가능한 발전이다. 그런데 미국을 비롯한 서구 국가들이 문제 삼고 있는 중국의 인권, 민주주의 등은 모두 중국이 생각하기에 6가지 핵심 이익에서 벗어나지 않는다.

중국은 그러한 서구 국가들의 주장에 대해 미국을 중심으로 한 서구 중심주의와 보편주의라고 비판한다. 그와 동시에 미국의 '글로벌 거버넌스' 능력의 부족, 국제 협력의 저해, 국제 관계의 악화를 지적한다. 중국은 미국의 이기주의를 비판하면서 미국을 국제 다자주의를 해치는 주범이라고 비난하고, 중국을 스스로 다자주의 수호자, 글로벌 시장의 수호자로 자처한다.

이렇듯 미국의 헤게모니에 도전하고 있는 중국은 특히 미국에게 국제 규범과 규칙에 대한 도전자로 인식되고, 현행 국제 규범과 질서에 대한 수정주의자, 심하게는 파괴자로 비춰진다. 그러므로 '글로벌 거버넌스'에 있어서 미국과 중국의 한판 대결은 당연한 귀결이다.

최재덕
2021. 6. 25.

호주-중국의 대립, 선봉에 선 호주와 보복하는 중국

중국에서 벗어나려는 호주, 성공할 수 있을까

호주가 바이든 행정부의 출범과 함께 시작된 미중 패권 경쟁 2막의 선봉에 섰다. 코로나 팬데믹 기원에 대한 조사를 강력히 촉구한 호주에 중국이 경제적 보복을 가하면서 양국의 갈등은 걷잡을 수 없이 커지고 있다.

코로나19 확산에 대한 중국 책임론은 중국 체제의 위기 관리 능력뿐만 아니라 투명성과 개방성에 대한 근본적인 문제 제기를 포함하고 있다. 그러므로 중국이 이를 인정하는 것은 중국 체제의 취약성을 인정하는 것이나 다름없다.

코로나 팬데믹을 빠르게 극복한 이유를 '체제의 우월성' 때문이라고 선전하며 애국주의를 부추겨 온 중국 지도부로서는 용납할 수 없는 일이다. 2021년 5월 초, 중국 국가발전개혁위원회는 성명을 통해 중국 정부가 호주와의 전략 경제 대화를 무기한 중단한다고 선언하여 사실상 양국의 공식적인 대화 루트도 사라졌다.

예상했던 대로 바이든 대통령은 취임 후 G7 정상회의, NATO 회의, 미국-EU 정상회의, 쿼드(QUAD) 정상회의 등을 통해 민주주의 국가들과 연대와 결속을 다지며 중국의 위협에 함께 대응해야 한다는 공감대를 빠르게 형성해 가고 있다.

G7 정상회담 후, 호주의 모리슨 총리는 G7 국가들이 중국에 대한 호주의 입장을 지지한다고 밝혔고, 프랑스의 마크롱 대통령은 공개적으로 호주에 대한 지지를 표명했다.

미중 패권 경쟁 2막의 특징은 민주주의 대 사회주의의 이념적 갈등 심화와 기술, 경제, 군사 등 모든 분야의 전략적 경쟁을 국가의 생존과 관련된 안보의 문제로 귀결짓는 데 있다. 호주와 중국의 갈등은 이러한 미중 패권 경쟁의 양상과 밀접한 관련이 있으며, 한국도 이들 국가의 역학적 관계를 면밀히 주시할 필요가 있다.

중국과 호주의 본격적인 갈등은 2018년 호주가 미국의 인도·태평양 전략에 적극적으로 가담하여 남중국해에서 군사 훈련을 진행하고, 5G 이동통신 인프라 구축에 화웨이를 제외하면서 시작됐다.

이러한 호주의 태도에 불만을 가졌던 중국은 호주가 홍콩국가보안법 반대 공동 성명에 동참하고 미국이 주장하는 코로나 팬데믹 중국 책임론에 동조하자, 2020년 5월 호주산 보리에 80.5%의 반덤핑·반보조금 관세를 부과했다. 또한 호주산 소고기, 석탄, 랍스터, 와인, 면화에 대한 일부 또는 전면 수입을 중단하며, '유학주의 경보'를 발령을 통한 인적 교류를 차단하는 등 보복 조치를 지속하고 있다.

중국과 호주는 매우 긴밀한 경제 협력 관계를 맺고 있다. 양국은 전면적 전략 동반자 관계로 호주의 대중국 수출 총액은 2019년에 약 1580억 호주 달러, 2020년에 약 1540억 호주 달러를 기록했다.

호주의 대중국 수출액은 호주 전체 수출의 약 38.2%이며 중국으로부터의 수입액은 호주 전체 수입의 25.8%이다. 양자 무역은 호주 GDP의 약

11%를 차지하며 중국은 호주의 제1의 수출국이자 가장 많은 흑자를 안겨주는 국가이다. 석탄, 철광석, 와인, 소고기, 관광, 교육 분야에서 중국은 호주의 최대 수출국이다.

그러나 양국의 경제 협력이 비약적으로 발전한 데 비해 핵심 이익에 대한 간극은 좁혀지지 않았다. 호주는 안보상의 이유로 주요 산업에 대한 중국의 투자를 제한하고, 중국의 방공식별구역 설치와 남중국해 군사화 움직임에 대해 우려를 표명해 왔다.

2017년 11월 발간한 〈호주 외교정책 백서〉에서 호주는 남중국해에서의 중국 영향력 확장 우려로 미국과의 전략적 동맹 관계 강화의 필요성을 제기했으며, 2019년 7월에는 미국이 호주 다윈에 2억 1,100만 달러 상당의 새 해군기지를 건설할 것이라고 발표했다.

2020년 7월 발표한 〈2020년 국방 전략 갱신〉에서 호주는 장거리 타격 역량 및 사이버 전력 확대를 위해 10년간 약 225조 원을 투입한다고 발표했다.

결국 오랫동안 지속된 양국의 갈등은 호주가 코로나19 바이러스의 기원에 대한 국제 조사를 요구한 이후 중국의 경제 보복으로 이어졌다. 중국은 미국과의 전략 경쟁에서 자신감을 나타내고 있지만, 코로나19 바이러스 확산 책임론을 비롯하여 국내·외적으로 많은 어려움에 직면해 있으며 바이든 행정부의 대중국 봉쇄망 구축에 촉각을 곤두세우고 있다.

이러한 시기에 중국과 경제적으로 긴밀한 관계에 있는 호주가 미국 편에 서서 중국의 핵심 이익을 침해하는 것에 대해 중국은 용납할 수 없을 것이다. 또한 중국과 디커플링을 시도하는 호주를 용인할 경우, 더 많은 국가가 미국의 봉쇄 전략에 가담하여 중국이 점차 고립될 가능성이 있으므로 호주를 본보기로 더 큰 경제적 타격을 가하고 있다.

그러나 중국의 경제 보복은 중국에도 적지 않은 부담을 가중시켰다. 2020년 10월 호주산 석탄 수입이 급감하여 겨울철 석탄 부족으로 일부 도시에 정전 사태가 발생했으며, 연료용 석탄 가격이 폭등했다. 최대의 철광석 수입국인 중국과 최대 철광석 수출국인 호주의 갈등이 심화되면서 철광석 가격이 계속 상승하여 중국 철강 산업은 고통을 호소하고 있다.

호주산 철광석에 절대적으로 의존하는 중국은 2020년에도 호주로부터 7.13억 톤(철광석 수입 총량의 약 60%)의 철광석을 수입했다. 중국은 호주산 보리에 고액의 관세를 부과하여 중국 양조업도 어려움을 겪었다.

호주는 중국의 경제 보복에 맞대응하여 2021년 3월 중국에 대한 건초 수출을 제한했고, 2021년 4월 호주연방 정부가 빅토리아주 정부와 중국 간 일대일로 협력 계약들을 취소했다. 또한, 호주산 보리와 와인에 대한 중국의 관세 부과 조치를 WTO에 정식으로 제소했다.

중국이 공세적 외교의 수단으로 사용하는 경제 보복은 다음과 같은 이유에서 결국 중국의 발전을 저해하는 요인으로 작용할 것이다. 첫째, 다른 나라들이 거듭되는 중국의 경제 보복을 지켜 보면서 중국의 강대국화를 거스르면 자국도 언제든지 경제 보복 대상이 될 수 있으며 대중국 경제 의존도가 높을수록 경제 보복의 위험도가 높아진다는 사실을 학습하게 될 것이다.

미중 패권 경쟁 시기에 호주의 디커플링 시도에 대한 중국의 경제 보복 사례는 높은 대중 경제 의존도로 인해 중국의 압력을 두려워하는 국가들의 경제 파트너십 다각화 노력을 촉진할 것이다.

둘째, 경제 보복 이슈에 대한 완전한 해결도 어렵지만 해결되더라도 다시 양국의 관계는 이전으로 돌아가기 어려우며, 양국 관계의 재설정을 위해 상당한 기간이 소요될 것이다. 지금은 중국이 호주와의 대화에 응하지 않고 있지만 진정 국면에 접어들면 양국은 관계 복원을 시도할 것이다. 그러나 그 결과는 관계의 재설정이지 예전과 같은 상태의 복원을 의미하는 것은 아니다.

셋째, 상대국에 대한 국민들의 적대적 감정이다. 사드 사태로 인해 한중 관계는 국가적 차원에서 신뢰가 훼손된 것은 물론, 사회 전반에 확산된 반중, 반한 감정으로 양국 국민들 사이에 상호 불신의 벽이 높아졌다. 경제 보복을 당하는 표적 국가의 입장에서 반중 감정이 고조되는 것은 당연하거니와 중국 국민도 표적 국가를 중국의 신뢰를 저버리고 중국을 배신한 국가로 각인하기 때문이다.

마지막으로, 경제 보복으로 타격을 심하게 입었던 산업은 구조 조정을 거치면서 수·출입국을 다변화하여 결국 양국의 상호 의존성이 줄어들기 때문이다. 경제 보복을 당한 나라들은 표면적으로 관계를 회복하려고 애쓰지만, 실질적으로 단기적 어려움을 극복하고 장기간 수입국 다변화를 통해 대중국 수입의존도를 낮추려 한다.

2010년 중국이 센카쿠 열도(尖角列島, 중국명 댜오위다오·釣魚島) 분쟁으로 대일 희토류 수출을 제한했을 때, 세계 여러 나라는 중국이 희토류를 언제든지 무기화할 수 있다는 인식을 하게 되었다. 이후 일본의 희토류 수입국 다변화로 호주의 라이나스(Lynas)와 같은 최대 희토류 기업들이 성장해 연간 2만 메트릭톤의 희토류를 생산하고 있다.

중국의 경제 보복으로 큰 경제적 타격을 입을 것이라는 예상과 달리 호주는 2021년 1분기 경제가 강하게 반등했다. 호주가 한국, 일본 및 동남

악수하는 왕이 中 외교부장과 페인 호주 외무장관 ⓒAP=연합뉴스

아시아, 인도, 아랍에미리트, 네덜란드 등 새로운 대체 시장을 적극적으로 개척하여 중국 제재로 인한 리스크가 크게 완화되었다.

결론적으로 중국의 호전적 외교 전략과 경제 보복의 여파가 다시 부메랑이 되어 중국에 부정적인 영향을 미칠 가능성이 높다. 많은 국가가 경제적 이익을 위해서 중국과 경제 협력을 확대하더라도 중국을 두려워하며 경계한다.

미국을 필두로 민주주의 동맹국들의 연대를 추구하는 상황에서 중국의 경제 보복은 중국을 수정주의 국가로 규정한 미국의 논리를 더욱 정당화시킬 것이고, 중국을 제외한 글로벌 가치사슬 재편을 더욱 가속화할 것이다. 따라서 중국에 비우호적인 국가들이 늘어나게 될 것이다.

호주의 대중국 강경책 기저에는 "더는 호주가 중국에 의존해서는 안

된다"라는 문제 의식이 깔려있다. 2020년 1, 2월 코로나 팬데믹으로 중국이 셧다운에 들어가면서 중국에 의존하던 호주 경제에 큰 어려움이 닥쳤고, 경제 분야뿐만 아니라 호주의 국내 정치를 포함한 사회 전반에 대한 중국의 영향력 확대 우려도 커졌다.

지금 호주가 중국에 대항해 선봉에 선 것처럼 보이는 것은 미국이나 민주주의 국가의 이익을 대변하기 위한 것이 아니라, 호주의 국가 이익을 위해 디커플링(탈동조화)을 시도하는 과정에서 보이는 표면적인 모습이다. 그러나 확실한 것은 호주의 이러한 시도가 미중 패권 경쟁 내에서 해석되고 있으며, 그 결단이 많은 국가들로부터 지지를 얻고 있다는 점이다.

미중 패권 경쟁이 심화되면서 미국·중국과 우호적인 관계를 유지해야 하는 한국의 외교 전략이 더욱 중요해졌다. 대중 강경책이 자강을 위한 호주의 전략이지만 국가가 처한 상황에 따라 급격한 중국과의 디커플링 시도는 오히려 국가를 더 큰 어려움에 빠뜨릴 수 있다.

한국은 미중 패권 경쟁이라는 도전적 과제 앞에 한반도 냉전 구도 심화에 따른 안보 불안, 중국의 핵심 이익 침해에 따른 경제 보복 등 국가 발전을 심대하게 저해하는 위험 요인을 관리하면서 미중 양국에 4차 산업혁명을 선도하고 미래 산업을 함께 할 매력적인 국가로서의 동반 성장을 모색해야 한다.

또한 한미 동맹 강화로 안보 불안을 낮추되, 한미 동맹 강화가 북미 관계와 남북 관계를 개선하는 방향으로 이어지도록 해야 한다. 아울러 신북방, 신남방 국가들과 경제적, 외교적 협력을 확대하고 장기적 관점에서 사안별 국익 우선 전략을 추진함으로써 전략적 모호성의 한계와 미중 간 선택의 딜레마를 극복해야 할 것이다.

중국의 AI, '군사굴기' 노린다

중국의 인공지능(AI) 기술 성장과 군사굴기

21세기는 어느 때보다도 과학, 산업, 군사 기술이 전복적으로 발전하고 있는 시대이며, 그러한 기술들이 교차 발전하고 있는 시대이기도 하다. 경제적 영역뿐만 아니라, 과학적 영역, 그리고 군사적 영역 모두에서 혁신과 변혁이 이루어지고 있는 시대다. 이러한 시대적 인식을 바탕으로 시진핑(習近平) 국가 주석을 비롯한 중국 지도부는 인공지능(AI) 기술 발전을 중요시하고 있다.

중국은 인공지능 기술에 있어서 선두에 서 있는 것이야말로 글로벌 군사력과 경제력 경쟁에서 중요하다고 보고 있다. 그러므로 2018년 중공 중앙 정치국의 집체 학습에서 시진핑은 여러 차례 인공지능이 새로운 과학기술 혁명과 산업 변혁의 중요한 동력이며, 전략적 문제라고 강조했다.

이후 2015년 중국 국무원은 〈'인터넷+'행동의 적극적 추진에 대한 지도 의견〉을 발표하여 인공지능을 11가지 행동의 하나로 정하였고, 그에 따라 인공지능은 점점 더 중요성을 띠게 되었다. 2016년에는 '인공지능'이 국가 '13차 5개년'계획에 삽입되었고, 2017년에는 정부 업무 보고에까지 삽입되었다. 2017년 7월 국무원은 〈신세대 인공지능개발계획〉을 통해 인공지능을 국가 전략으로 상향시켰다.

중국의 신세대 인공지능 개발 계획

2017년 7월 8일, 중국 국무원이 발표한 〈신세대 인공지능 개발 계획 (AIDP)〉은 인공지능 분야에서 전략적 우위를 차지하기 위한 3단계의 전략적 목표를 제시하고 있다.

첫 번째 단계는 2020년까지 인공지능의 총체적 기술과 응용 분야에서 세계적인 수준을 달성한다는 것이다. 두 번째 단계는 2025년까지 인공지능 기술을 산업과 경제적 혁신을 위한 주요 동력으로 삼아 스마트 사회를 건설하는 것이다. 세 번째 단계는 2030년까지 스마트 경제, 스마트 사회에서의 뚜렷한 성과를 바탕으로 세계적 혁신 국가 및 경제 강국으로 도약하는 것이다.

인공지능은 시진핑을 비롯한 중국 최고위층의 중시와 지속적인 관심을 받아 왔다. 이런 계획을 실행하기 위해 중국이 지출하는 액수가 얼마인지는 구체적으로 공개되지 않았지만, 그 액수가 수백억 달러 규모 이상에 이를 것은 분명하다.

인공지능은 21세기 국제 경쟁의 새로운 초점이 되고 있다. 세계 주요 선진국들은 인공지능 개발을 통해 국가 경쟁력을 높이는 동시에, 국가 안보를 수호하기 위한 주요 전략으로 삼고 있다.

시진핑을 비롯한 중국 지도부 또한 중국이 인공지능 기술 분야에서 글로벌 리더십을 발휘해야 하고, 그러기 위해서는 무엇보다도 해외 기술

수입에 대한 의존도를 줄여야 한다고 본다.

중국 정부의 유력 싱크탱크인 중국정보통신기술아카데미(CAICT)는 2018년 9월 발간한 〈인공지능 안보 백서〉에서 중국 정부에 "국가 간 인공지능 군비 경쟁을 피해야" 한다고 제안했다. 알리바바 회장이었던 마윈 또한 2019년 다보스 세계경제포럼 연설에서 인공지능을 둘러싼 글로벌 경쟁이 전쟁으로 이어질 수 있다는 우려를 표명했다.

그러한 우려에도 불구하고 중국 지도부는 인공지능의 군사적 이용이 불가피하다고 보고, 그와 관련된 정책을 공격적으로 추진하고 있다. 이에 따라 중국의 군사 지도자들은 인공지능 기술을 활용한 '스마트' 군사 기술을 점점 더 많이 언급하고 있다. AIDP 문건에도 "모든 종류의 인공지능 기술을 국방 분야 혁신에 신속히 적용해야 할 것"이라고 명시되어 있다.

중국의 인공지능 기술과 안보

중국 공산당 19대 보고에서 시진핑 총서기는 "중국 특색 강군의 길"을 갈 것이라고 밝혔다. 그것을 위해 국방 및 군대의 현대화를 전면적으로 추진할 것이라고 강조했다. 그 내용에는 "군사적 스마트화의 가속화, 사이버 정보 체계에 기초한 연합 작전 능력 및 전역(全域) 작전 능력의 향상"이 포함되어 있다.

이것을 위한 법 규정과 제도를 마련하기 위해 국무원은 〈신세대 인공지능 산업 발전 3년 행동 계획(2018~2020)〉을 발표하였다. 이런 발 빠른 조처는 스마트 국방 혁신이 미래 전쟁의 승부를 좌우하는 관건이기 때문이다.

스마트 국방을 위해 2007부터 2017년까지 군비 지출이 3배나 증가했다. 인공지능 기술이 적극적으로 국가 안보에 확대 적용되게 된 것이다. 인공지능 기술이 국가 안보 기술 도약을 위한 '역사적 기회'라는 인식을 바탕으로 한 것이다. 인공지능 기술을 통해 중국의 안보 및 군사 기술의 비약적 발전이 이루어질 것이라는 전망이다.

국방 영역에서 인공지능 기술이 응용되는 분야는 주로 7가지이다. 감시 및 정찰, 물자 조달, 네트워크 공간, 정보 조작, 지휘 및 통제, 드론, 자율형 살상 무기 등이다. 대표적인 예로 무인 잠수함이 있다.

2018년 중국은 2021년까지 인공지능이 탑재된 무인 잠수함을 실전 배치할 것이라고 밝힌 바 있고, 2019년 국경절 열병식에서 무인 잠수정을 선보이기도 했다. 중국은 무인 잠수함이 미국 항공모함을 위협할 수 있는 값싸고 효과적인 수단이 될 수 있다고 여기며, 정찰 및 공격 등 다양한 작전을 수행할 것이라고 보고 있다.

인공지능 기술의 인권 침해에 대한 우려

2016년 3월, 구글 딥마인드가 개발한 인공지능 바둑 프로그램 '알파고'가 이세돌을 이겼다. 알파고의 승리는 중국 군사 관계자들에게 있어서는 전투 지휘나 의사 결정 등에서도 인공지능이 엄청난 잠재력을 갖고 있음을 입증한 것이라고 여겨졌다. 그리고 그 사건은 인공지능의 놀라운 가능성을 중국 사회에 널리 알리는 계기가 되었다.

그 이후 중국은 인공지능 기술 개발에 더욱 주력하였고, 개발한 기술을 더 광범위하게 사회에 적용하였다. 그것이 스마트 도시의 건설이라는 명목으로 추진되었다. 그러나 인공지능 기술이 성공적으로 활용되기까지는 인권 침해의 우려가 도사리고 있는 것도 사실이다.

중국 무장경찰 대장인 왕닝(王寧)은 2018년 신장에서 인공지능 빅데이터를 통해 테러 음모를 성공적으로 막을 수 있었다고 자랑했다. 그것을 위해 스마트 도시 시스템과 안면 인식 프로그램이 이용되었다. 그것이 바로 '톈왕(天網)'이다. 풀이하자면, '하늘의 그물망'이라는 의미이다.

촘촘한 인공지능 그물망을 통해 얼굴은 물론 소리도 식별된다. 누구도 도망갈 수 없다. 그런 기술은 신장과 같은 테러가 빈발하는 지역뿐만 아니라 중국 전역에서 활용되고 있다.

중국 정부가 자국민을 감시하는 데 있어서, 서방 국가들에 비해 개인의 인권이 보호받을 법적인 안전 장치가 미비한 것은 사실이다. 그러한 시스템은 기술이 발전함에 따라 더욱 강력해질 것이고, 그만큼 인권 침해의 피해가 늘어날 가능성이 큰 것도 간과할 수 없는 사실이다.

신미국안보센터의 엘사 카니아(Elsa Kania)는 중국이 인공지능을 통한 국방 혁신을 추진하면서, 동시에 '전략적 모호성' 전략을 취하고 있다고 지적하였다. 이는 최첨단 살상 무기를 개발하면서도 그와 함께 관련 인권 단체에 대해 수사적 약속을 병행하고 있기 때문이다.

인공지능 분야의 글로벌 리더가 되는 것은 중국의 공식 목표이므로, 중국은 그것을 포기할 수 없을 뿐만 아니라 글로벌 리더인 미국을 따라잡기 위해서 무리수를 둘 수밖에 없다. 그러므로 중국은 전략적 이익에 관한 한 인권이나 인권 단체에 신경 쓰지 않는 경향이 있다. 2018년 중국의 〈인공지능 표준화 백서〉에서 밝혔듯이 몇 가지 핵심 영역에서 중국이 아직도 뒤처져 있다고 보기 때문에 더욱 그렇다.

중국은 미국이라는 인공지능 거인과 싸우고 있다. 중국이 무섭게 추격하고 있는 것은 부정할 수 없지만, 아직 버거운 싸움임에는 틀림없다. 중국의 인공지능 인재 풀만 보더라도 그렇다.

중국 청화대 인공지능 보고서에 의하면 미국의 인공지능 관련 인재는 2만 8,536명으로 세계 1위이고, 중국은 1만 8,232명으로 세계 2위이다. 참고로 15위인 한국은 2,664명에 불과하다.

세계 인공지능 관련 인재들은 상위 10개국에 50% 이상 집중되어 있다. 그만큼 인공지능 분야에서의 글로벌 경쟁이 치열하다고 볼 수 있고, 미국과 중국의 경쟁도 갈수록 치열해질 전망이다. 특히 군사 분야에서의 인공지능 기술 응용은 실질적인 하드 파워 경쟁으로 발전할 수 있는 위험성을 내포하고 있다.

미국의 아프간 철군, 중국에 득일까 실일까

중국, 소프트 파워 포기하면 국제 사회 리더 될 수 없어

최근 인터넷 여론을 뜨겁게 달구고 있는 이슈는 미국의 아프가니스탄 철군이다. 놀라운 소식은 아니다. 이는 전쟁이 시작된 이래 모든 미국 대통령들의 공약이었고, 2020년 2월 트럼프 정부가 탈레반 세력과 맺은 협정에 따른 것이다. 바이든 정부도 2021년 4월 전쟁의 종료를 밝혔고, 국내 여론의 80%가 지지를 보내고 있기에 철군 자체가 문제는 아니다.

그러나 그 과정에서 드러난 오판과 미숙함, 예상치 못했던 후폭풍 때문에 미국과 아프가니스탄, 주변국은 물론이고 전 세계가 들썩이고 있다. 지구 반대편의 중국, 한국까지 미친 폭풍이다.

준비가 충분하지 않았고, 배려 없이 진행된 철군으로 인해 현재 아프가니스탄은 폭력, 공포와 죽음 등 극심한 혼란으로 가득 차 있다. 그러자 이러한 참상을 초래한 미국과 그 동맹에 대한 비판의 목소리도 함께 높아졌다.

평소 미국에 적대적이던 몇몇 국가는 물론이고, 혼란을 곁에서 맞닥뜨려야 하는 주변국, 심지어 미국 동맹이나 국내에도 비판이나 불협화음이 등장한다. 무고한 희생과 참상을 본다면 이것이 필요한 것인지, 일찍이 예고된 철군이라도 반드시 이러한 방식이어야 했는지, 반드시 지금이어야 했는지 각계의 의문이 제기되었다.

이러한 상황에서 상당히 두드러진 행보를 보여 주는 국가가 중국이다. 왕이(王毅) 외교 부장은 7월 28일, 왕위(王愚) 주(駐) 아프가니스탄 대사는 8월 25일 탈레반과 회동하며 긴밀하게 소통했다.

나아가 왕이 부장은 물론, 양제츠(楊潔篪) 정치국 위원이 정치적 해결과 포용을 강조하였고, 시진핑 주석은 러시아와 관련한 공조를 약속했으며, 왕원빈(汪文斌) 외교부 대변인은 중국이 아프가니스탄 평화와 재건을 위해서 건설적 역할을 담당하기 원한다며 탈레반에 힘을 실어 주었다. 미국과 대립각을 세우는 모양새다. 중국은 무엇을 원하는 것일까?

중국이 얻는 것은 무엇인가?

단순히 생각하면 얻은 것이 분명하게 보인다. 첫째로 중국은 미국의 철군이 세계 패권을 장악, 관리할 능력을 잃어버린 현실을 보여 주는 것이라 주장한다. 미국 국익을 위해서 내린 판단일 테지만 세계가 무책임한 행보를 목격했고, 특히 유럽 연합 같은 중요한 동맹조차 미국에 실망하며 신뢰를 잃었다는 것이다.

미국의 실점이 중국에게 득이거나 적어도 기회라는 전략적 판단일 것이다. 중국의 언론은 실제 이러한 상황이 미국의 영향력 감소와 세계 패권의 쇠락을 방증한 것으로, 미국과 글로벌 주도권 경쟁을 하는 중국에 일종의 호재로 보았다.

2021년 7월 28일 중국 외교부는 왕이(王毅) 중국 외교 담당 국무위원 겸 외교부장이 톈진(天津)에서 탈레반 2인자 물라 압둘 가니 바라다르가 이끄는 탈레반 대표단을 만나 아프간의 평화와 재건 방향을 논의했다고 밝혔다. ⓒ신화=연합뉴스

둘째로 중국에게 아프가니스탄은 경제적 기회이다. 미국이 떠나며 힘의 공백이 생겼고 이에 중국이 진출할 기회, 아프가니스탄을 차지할 가능성 역시 높아진 것이다. 중국은 일찍부터 아프가니스탄 대표들을 만나며 중국이 건설적 영향을 발휘할 수 있기를 바란다고 밝혔다.

실제로 변경과 소수민족 문제를 제외해도 아프가니스탄은 중국과 국경을 접하는 데다가 일대일로 전략의 연선에 위치하고 있다. 그렇기에 아프가니스탄은 중국에게 중요한 국가이다. 인도적 지원에서 시작하여 자원 개발, 인프라 건설까지 막강한 경제력을 활용해 영향력도 확대할 것이라는 전망이 우세하다.

셋째로 중국에게 있어서 타이완 흔들기나 압박에 유용한 카드다. 중국에게 타이완은 주권, 안보, 영토 완정, 통일 같은 핵심적 이익과 관련되는 문제이다. 근래에는 타이완에 독립적 성향의 민진당 정부가 들어서 긴장이 이어지고 있는데, 언론이 타이완에 막강한 배경이자 카드인 미국과의 관계를 흔들면서 틈새를 공략했던 것이다.

중국의 인터넷 여론도 "어제는 사이공, 오늘은 아프가니스탄, 내일은 타이완"일 것이라 외치면서 타이완 민심을 흔들려 하였다. 미국과 타이완 당국이 서둘러 수습하려 하였지만 의심의 불씨는 깊숙이 남았다.

중국이 잃을 것은 무엇인가?

중국의 언론은 현지의 참상을 밝히면서 미국의 실패를 낱낱이 드러내 강조한다. 동시에 중국의 입장과 계획을 전달하면서 자국에게 역전의 기회가 되기를 고대하였다. 그러나 시간이 흐르고 상황이 복잡해지며 중국에서도 다양한 우려가 쏟아져 나왔다.

첫째로 생생한 보도를 통해서 참상을 접했던 네티즌 일부가 탈레반의 만행을 비판하는 게시물을 올린 것이다. 여성의 인권을 무시하거나 이슬람 율법에 위배된다며 폭력을 일삼는 과도 정부와 관련한 비판은 대중들에게 공감을 얻었다. 그리고 이러한 여론은 중국의 행보에 부담이 되었다.

둘째로 경제 발전과 이를 담보할 주변 안정을 국가 목표로 삼는 중국에게 불안 요소가 됐다. 탈레반의 폭력과 반대파의 저항에, 주변국의 극단적 세력도 덩달아 고무된 상황에 현재의 혼란이 언제쯤 끝날지 누구도 예상하기 어려운 실정이다.

나아가 탈레반과 신장 위구르 분리 세력인 동투르키스탄 이슬람 운동이 같은 수니파의 계열이기 때문에 혹시 모를 위험도 존재한다. 중국은 일찌감치 탈레반 세력과 만나며 문제의 소지를 없애려 했지만 그들의 약속을 신뢰할 수 있을지, 탈레반 세력을 제대로 통제할 수 있을지 여전히 미지수일 뿐이다.

셋째로 극단주의 세력을 지원하고 있다는 국제 사회의 지적도 존재한다. 탈레반 세력에 대한 포용적 입장과 태도는 국익을 먼저 고려한 것이다.

중국은 극단주의 세력인 탈레반이 승전을 선언하자 아프가니스탄 인민의 염원과 선택을 존중한다고 밝히고, 곧이어 아프가니스탄 새 정권이라는 표현을 사용하며 기다렸다는 듯이 그들을 인정하였다. 나아가 아프가니스탄 재건에 건설적 영향을 미치고 싶다며, 국제 사회의 인정과 경제적인 지원이 절실했던 탈레반 세력에게 힘을 실어 주었다. 이러한 행보는 사실상 탈레반 지원이 아닌가 비판한 것이다.

이러한 상황을 어떻게 보아야 하는가.

세계적으로 위기가 폭발해 작금에 이르는 과정에서 중국이 보여 준 행보는 다분히 실망스럽다. 현재는 대안 없는 비판과 책임 소재 추궁만 눈에 띈다. 중국은 미국과 글로벌 주도권 경쟁을 벌이는 중이다. 결국 중국이 미국을 추월하고 글로벌 패자로 등극할 것이라는 전망이 상당히 많다.

때로는 미국과 중국이 다른 국가에 양자택일 선택을 하라 강요한 경우도 있었다. 이러한 상황에서 각국은 어떠한 기준을 가지고, 무엇을 보고 서 결정을 내릴까? 세계는 미중이 위기에서 어떠한 행보를 보여 주나, 어 떠한 비전을 제시하나 살펴볼 것이다.

중국은 동북아 대국에서 글로벌 대국으로의 부상이 당면한 목표이다. 이러한 상황에서 현재의 행보와 전략이 최선인지 묻는다. 앞선 자에 대한 비판이 바로 나의 득은 아니다. 비전, 공감, 대안 없는 비판은 매력 없는 2 인자의 모습을 부각시킬 뿐이다.

중국은 내정 불간섭 원칙을 자주 말한다. 이러한 원칙에 근거하여 미국 과 서방을 비판한다. 그런데 탈레반에 말하는 건설적인 영향은 별다른가? 극단주의 무장 세력이다. 평화와 재건을 말하며 그가 원하는 자원을 준다 면 다른 방식의 개입일 뿐이다. 미국은 틀렸다. 그런데 중국은 다른가?

경제력, 군사력이 강하면 국제 사회의 리더로 충분하다 여기지 않았 으면 좋겠다. 세계가 공감하고 함께하지 않는다면 패권자일 뿐이다. 중국 은 기준과 원칙이 분명한 국가이다. 다만 이것들도 시대와 상황의 변화에 따라서 발전해야 한다. 글로벌 리더로서 새로운 외교 전략, 원칙이 필요해 진 때다.

근래에 중국이 소프트 파워를 포기한 것처럼 보인다는 소리가 들려온 다. 그런데 강할 뿐인 리더를 어느 누가 원할까. 힘뿐인 패자는 언젠가는 밀려날 존재에 불과하다. 중국이 각국의 동반자에 글로벌 리더로 성장하 려 한다면 변화가 필요하다.

'오커스 동맹'의 장벽 앞에 선 중국, 어떤 길을 걸을 것인가

공세적 외교 계속되면
아시아 국가들도 중국 견제 동참할 수밖에 없어

2021년 9월 15일, 미국의 조 바이든 대통령, 호주의 스콧 모리슨 총리, 영국의 보리스 존슨 총리는 기자 회견을 통해 3국이 오커스(AUKUS) 동맹을 맺었음을 공식적으로 발표하였다. 이번 동맹 체결을 통해 미국과 영국은 호주의 핵 잠수함 보유를 돕고, 사이버 전쟁, 인공지능, 퀀텀 기술, 해저 기술 등을 함께 개발하는 등 다양한 방면에서 군사적으로 협력할 것을 약속했다.

이들은 오커스 동맹의 표적이 어느 나라인지에 대해서 구체적으로 언급하지 않았다. 하지만 동맹의 성격 등을 고려할 때 중국 견제가 주요 목적임이 분명했고, 실제로 중국 역시 오커스 동맹을 "구시대적 냉전 사고방식"이라며 맹비난했다.

2010년대 호주와 중국의 밀월 관계

오커스 동맹이 결성된 가장 큰 이유는 호주의 대중국 정책 변화다. 호

2021년 9월 15일(현지 시각) 조 바이든(가운데) 미국 대통령이 백악관 이스트룸에서 보리스 존슨(화면 오른쪽) 영국 총리, 스콧 모리슨(화면 왼쪽) 호주 총리와 화상으로 가진 공동 기자회견을 통해 3국의 새로운 안보 파트너십인 '오커스(AUKUS)'를 시작한다고 발표했다. ⓒEPA=연합뉴스

주는 1940년대 말부터 미국의 아시아-태평양 전략에서 중요한 역할을 담당해 온 동맹국으로 한국전쟁, 베트남전, 테러와의 전쟁에 파병까지 할 정도로 전략적·군사적으로 미국에 적극 협조해 왔다.

하지만 2010년대에 들어서면서 중국이 호주의 최대 교역국이 될 정도로 양국 교류가 늘면서 호주와 중국 간의 관계가 긴밀해지게 되었다. 동시에 외교 정책의 축 역시 기존의 미국, 영국 중심에서 아시아 방향으로 옮겨가기 시작했다.

중국과의 관계 진전에 고무된 호주 정부는 2012년, 『아시아의 세기』 (Asian Century) 백서를 발간하여 중국과의 관계를 폭넓게 발전시키겠다고 공언했다. 2014년에는 중국과 호주 간의 자유무역협정이 체결되고, 중국 시진핑 주석이 호주를 국빈 자격으로 방문하는 등 양국의 관계도 새로운 시대를 맞는 것처럼 보였다.

시진핑 주석은 호주 의회 연설에서 상호 간의 이해와 신뢰를 강조하며, 호주와 중국이 '전략적 동반자'로서 공동의 목표를 달성하기 위해 함께 노력해야 한다고 주장했다. 또한 해양 지역에서 주변국과의 이해 관계가 충돌하더라도 이를 평화적으로 해결하기 위해 노력할 것을 약속했다.

중국의 '전랑외교'와 호주-중국 간 관계 약화

하지만 호주 의회 연설에서 밝힌 것과 달리, 시진핑 주석은 집권 초기부터 서구권에 대한 적대감과 중국 굴기의 필요성을 강조해 왔다.

2013년 1월 시진핑 주석이 당 총서기로 선출된 직후, 당 중앙 위원을 대상으로 한 세미나에서 '중국 특색 사회주의'의 우수성을 강조하면서 이를 실현하기 위해 "중국의 국력을 꾸준히 확대"하고 "자본주의보다 우월한 사회주의"를 건설하여 "중국이 주도권을 쥐고 지배적인 위치를 점하고 있는 미래"를 향한 기틀을 닦을 것을 요구했다. 이는 소위 '전랑외교(戰狼外交)'라고 하는 중국의 공세적인 외교 정책의 사상적 기반이 되었다.

시진핑 주석은 이와 같은 목표를 달성하기 위해서 경제적·기술적 역량이 중요하다고 강조했다. 중국은 호주의 약한 부분, 즉 중국 경제에 대한 의존과 정체된 호주-미국 관계를 노리며 호주를 중국의 영향권 안으로 끌어들이려 하였다.

2016년에는 베이징과 연결된 중국 기업들이 호주의 주요 정당인 노동당과 자유당 양쪽 모두에 거액의 정치 자금을 기부하고 있었다는 사실이 밝혀졌고, 2017년에는 노동당 샘 다스티아리 상원 의원이 중국 사업가로부터 받은 정치 후원금 때문에 사임하기도 했다.

이후 2016년부터 중국 해커들이 호주 의회, 기상청, 로펌, 연구소에 대한 해킹을 시도한 사실이 발각되어 파문이 일었다. 이러한 일련의 사태로 호주 내 중국에 대한 여론이 악화된 상황에서 코로나19가 전 세계적으로 유행하게 되었다. 호주 정부는 코로나19 바이러스의 기원을 조사할 것을 촉구했고, 이에 중국이 호주의 대중국 주요 수출품에 보복 관세를 부과하는 조처를 하면서 양국 관계는 최악의 상태에 이르게 되었다.

이 시기 중국의 경제적 압박에 시달려야 했던 국가는 호주만이 아니다. 일본은 센카쿠열도/조어도를 둘러싼 영토 분쟁을 겪었고, 한국은 미국의 종말 단계 고고도미사일방어체계(THAAD, 사드) 시스템 배치에 동의하였다는 이유로 경제 보복을 겪어야 했다.

남중국해에서는 중국이 일방적으로 암초와 섬을 요새화·군사화하면서 동아시아와 태평양 국가들이 통행의 자유 침해에 대한 우려를 표명했다. 여기에 홍콩 시민집회를 진압하고 대만에 대한 무력 도발을 강화하는 모습 역시 세계 민주주의 국가들로 하여금 중국에 대한 공포를 더욱 자극했다.

오랜 우방과의 협력으로 돌아선 호주

이처럼 중국의 공세가 거세지자, 호주가 다시 찾은 상대는 미국이었다. 미국과 중국의 관계가 안보, 무역 등의 이유로 급격히 악화된 상황에서 취임한 조 바이든 대통령은 트럼프 행정부 당시 훼손된 동맹 관계를 회복하고, 세계 민주주의 국가의 믿음직한 리더로서 중국의 도전을 막아 낼 것을 천명했다. 이 때문에 중국에 대한 위기감을 공유하는 미국과 호주, 그리고 양국의 핵심 파트너인 영국이 군사 협력 강화를 골자로 한 동맹을 형성하게 되었다.

호주가 기존 프랑스와의 디젤 잠수함 인도 계약을 철회하고 미국의 핵 잠수함 기술 이전 및 개발을 수용하기로 한 점은 오커스 동맹에서 호주가 중국 견제의 선봉에 서게 되었음을 잘 보여 준다. 핵 잠수함은 디젤 잠수함보다 운항 속도와 거리 모두 우위에 있고, 주기적으로 충전을 위해 수면으로 부상해야 하는 디젤 잠수함과 달리 오랜 시간 잠항할 수 있다.

오커스 동맹이 '인도-태평양 지역의 자유로운 항행' 보장을 주요 과제로 내세운 상황에서, 호주가 핵 잠수함을 도입하기로 한 것은 인근 영해뿐만 아니라, 동중국해, 남중국해, 인도양, 서태평양 등 중국의 영향력이 미칠 수 있는 해역에서도 작전을 수행하고자 함을 의미한다.

서구 동맹 간 파열음에도 불구하고 계속되는 중국의 고립

호주가 오커스 동맹을 결성하며 약 77조 원 규모에 달하던 프랑스와의 디젤 잠수함 인도 계약을 파기하자, 프랑스는 이를 "등에 칼을 꽂는 행위"라며 3국의 결정을 맹비난했다.

특히 프랑스가 타격을 입으면서 EU, NATO가 대치하고 있는 러시아가 중국과의 관계를 강화하는 상황임에도 미국이 EU보다 영국을 더 우선시하며 NATO의 연대가 훼손되었다는 비판이 나오고 있다.

오커스 동맹이 서구의 연대를 약하게 하여, 결과적으로 서구권의 봉쇄를 뚫고자 했던 중국에만 이로운 결과를 가져온 게 아니냐는 주장이다. 하지만 오커스 동맹과 EU의 갈등은 단기적인 현상일 가능성이 크다. 오커스 동맹이 출범하게 된 가장 중요한 이유는 결국 중국의 호전적인 전랑외교 때문이고, 중국의 공세적 압박을 받는 국가가 호주에만 국한된 것이 아니기 때문이다.

2010년대에 들어서면서 중국과 경제적으로 긴밀한 관계를 유지했던 한국, 일본, 아세안(ASEAN) 등 주변국 모두 사드 배치로 인한 경제 보복, 조어도/센카쿠열도 분쟁으로 인한 반일 불매 운동, 남중국해 영유권 분쟁을 겪으면서 기존 중국과의 관계를 재검토하며 대중국 의존을 줄여가고 있다.

여기에 코로나19 초기 대응, 그리고 EU에게도 민감한 사안인 위구르족에 대한 인권 학대 논란까지 더해지면서 주요 선진국 내 중국에 대한 여론은 압도적으로 부정적인 상황이다.

이처럼 국제적인 고립을 맞았지만, 중국이 단기간 내에 자국의 공세적인 외교 정책을 변경할 가능성은 희박하다. 당장 올해만 해도 중국은 대만과의 통일을 강조하는 한편, 총 600여 대의 중국 군용기를 대만 방공식별구역 안으로 비행시키는 등 대만해협 내 긴장을 고조시키고 있다.

최근 중국은 경제 성장이 점차 둔화하고 있고, 인구 역시 고령화되고 있는 상황이다. 중국 공산당과 정부에 대한 개인 지배를 강화하는 시진핑 주석으로서는 중국을 세계적 강대국 지위에 올려놓고, 대만 통일의 과업을 달성하는 것이 장기 집권을 위한 새로운 명분이 될 수 있을 것이다.

하지만 이를 단시간 내에 달성하기 위해 현재의 공세적인 외교를 이어간다면, 결국 아시아 주변국들은 냉전 기간 형성된 미국의 동맹을 재평가하며 중국 견제에 동참할 수밖에 없을 것이다. 국제적 고립을 자초한 중국이 이를 타개하기 위해 어떠한 정책을 취할지 주시해야 하는 이유이기도 하다.

최재덕

2021. 11. 22.

미중 정상회담 이후, 한국은 어디로

미중 패권 경쟁 양상과 유라시아 질서 변화

세계 각국은 일상으로 되돌아가려는 노력과 확진자 급증에 대한 우려가 혼재해 있다. 코로나 팬데믹은 여러 국가의 리더십을 시험대에 올려놓았고, 그 결과 몇몇 국가의 리더십이 교체될 만큼 국제 질서에도 큰 충격을 주었다. 이제 코로나 팬데믹 종식의 시점이 다가오면서 미중의 극한 대결이 초래할 국제 질서의 변화가 강하게 대두될 시점에 이르렀다.

바이든 대통령과 시진핑 주석의 첫 정상회담으로 양국 간 소통은 시작했지만, 서로 긴장 상태를 확인한 정도에 불과했다. 미국은 미중 무역 관계를 기울어진 운동장에 비유하면서 이를 평평하게 만들어야 한다고 주장하지만, 중국은 자국의 규칙을 준수하는 새로운 운동장을 만들고 선수를 영입하기 바쁘다.

지금의 대한민국이 100년 전 조선이 아니듯이, 지금의 중국도 50년 전 닫혀 있던 죽(竹)의 장막이 아니다. 중국은 지난 40년간 축적한 부와 기술, 국제 사회의 영향력을 바탕으로 2049년까지 중국의 꿈을 위해 사활을 걸었고 번영과 발전의 길을 결코 멈출 수 없다는 의지가 결연하다.

중국의 부상을 억제하기 위한 미국의 인도-태평양 전략은 한국의 직접적인 참여에 대한 논쟁을 논외로 하더라도 미일 동맹을 근간으로 하고 있다는 점과 미국이 한·미·일 공조를 강하게 원한다는 점에서 한국에서 매우 중요한 이슈다.

미국은 일본을 이용하여 동아시아에 군사력을 투사하고, 일본은 이를 이용하여 평화헌법 개헌을 목표로 하고 있다.

일본은 한국에 '안보'를 이유로 반도체 소재 관련 제품에 대한 수출 규제를 단행하면서 한국이 대북 수출 규제를 제대로 이행하지 않는다는 억지를 쓰고, 지속적으로 북한 김정은 위원장과의 만남을 시도하면서 북한의 비핵화 논의에서 소외되지 않으려고 애쓰고 있다.

중국의 강군 전략은 일본의 군사력 확대에 정당성을 부여하고, 해양에서의 미중 대치는 일본이 태평양과 인도양을 거쳐 아프리카까지 해상 활동을 가능하도록 하는 수단이 되었다.

미중의 대립으로 중국과 러시아가 긴밀히 협력하고 미국은 미러 정상회담을 통해 위험 관리에 나섰다. 이로써 미·중·러 3국 관계의 변화가 유라시아 질서의 변화를 추동할 가능성이 높아졌다. 중러 관계는 북한의 비핵화, 북방 경제협력, 한·미·일과 북·중·러의 냉전적 대결 구도와 맞물려 있어 한국에게 매우 중요하다.

그러나 한국은 중러 관계 긴밀화에 침착(沈着)할 것이 아니라, 앞으로 전개될 중국식 세계화와 미국의 대러 정책 측면에서 중러 관계의 추이를 지켜봐야 할 것이다. 갈등의 골이 깊은 미러 관계가 급반전하기 어려운 것은 사실이지만, 중국을 고립시키기 위해 미국이 기후 변화, 군사적 긴장 완화, 북극해와 시베리아 개발 등의 분야에서 러시아와 협력점을 찾을 가

조 바이든 미국 대통령이 15일(현지시간) 워싱턴DC 백악관에서 시진핑 중국 국가주석과 화상 정상회담을 하고 있다. ⓒEPA=연합뉴스

능성도 배제할 수 없다.

미국과 러시아의 관계 개선은 한국에게 새로운 기회가 될 수 있다. 북방 경제 협력을 비롯한 한국의 북방 정책 추진을 저해하는 주요 원인은 북핵 문제와 미러 관계 악화다.

따라서 미러 관계의 개선은 한러 관계, 한·중앙아시아 관계의 발전과 한국의 신북방 정책을 추진을 위한 보다 우호적인 동북아 전략 환경을 제공할 것이다. 또한 미중 패권 경쟁으로 한반도에 한·미·일 대 북·중·러의 냉전적 대립 구도가 형성될 수 있다는 안보적 우려도 낮아질 것이다.

이러한 맥락에서 한국은 미국의 대러 전략 변화를 예의 주시하면서, 남·북·러 경제 협력 및 한반도 문제 해결의 기회를 만드는 전략적 유연성을 가져야 할 것이다.

그러나 미러 관계 개선의 여지가 없더라도 한국은 능동적으로 러시아와 정치적, 경제적, 사회적 이익을 공유하도록 노력해야 한다. 이는 북방 경제 협력과 한반도 신경제 지도 구상의 실현, 남북을 포함한 다자적 협력, 대륙과 연결될 미래 한반도를 위해 매우 중요하기 때문이다.

바이든 행정부 출범 이후의 미중 패권 경쟁 양상과 유라시아 질서의 변화를 파악하기 위해서는 양자 관계를 넘어 미·중·러 삼각 관계 속에서 양자 관계를 유기적으로 분석해야 할 것이다. 미중 패권 경쟁이라는 도전적 상황하에서 각국의 전략적 선택에 따라 3국 관계의 긴밀화나 제한성은 가변적이며 한국은 이러한 변화에 유연하게 대처해야 한다.

미국의 대중 전략이 동맹 강화를 통한 중국의 외교적 고립과 미국 중심의 글로벌 공급망 확대를 통한 중국의 기술굴기 저지에 초점이 맞춰지면서 한국은 미중 양국에 중요한 나라로서 전략적 레버리지가 높아지고 있다.

한국은 미·중·러 3국 관계와 유라시아 질서의 변화 속에서 남북 관계 개선과 한반도 비핵화 프로세스 추진, 대등한 한중 관계 수립, 한러와 한·중앙아시아 협력의 기회를 강화하여 한국이 포스트 코로나 시대에 전략 파트너로서 러시아와 협력을 강화하고 북방으로의 연결을 모색해야 한다.

한반도를 둘러싼 동북아의 상황이 우호적일 때는 없었다. 그러나 지금의 상황은 역사의 한 페이지에 남을 만큼 쉽지 않다. 한국의 선택 하나하나가 신중해야 하는 이유다.

지금까지 한국은 높은 세계사적 파고에 잘 대응하면서 오히려 어려움을 정치적·경제적·군사적 발전의 동력으로 삼아 왔다. 한국은 미국과 중국의 압박에 직면해 있지만, 자유민주주의와 자유주의 국제 질서, 국제법과 인권 등 인류 보편적 가치에 동의하면서 한미 동맹의 틀 위에 한중 협력을 도모하고 신북방·신남방 지역으로 외교적·경제적·안보적 외연을 확장해야 한다.

이는 미중 패권 경쟁 하에서 한국이 미중 간 선택의 딜레마에 빠지지 않고 국익에 부합한 자주적 의사 결정을 내릴 수 있는 역량을 축적하는 길이 될 것이다.

2부

팬데믹과 기후 위기,
중국 경제는 순항할까?

신금미
2021. 3. 5.

중국 재정 건전성 고려, 적극적인 재정 정책 펼칠 것

재정 수입 감소한 중국, 양적 완화 강도 낮출 듯

매년 3월 열리는 중국 연례 최대 정치 행사인 전국 양회(국정자문기관 격인 전국인민정치협상회의와 우리나라 국회격인 전국인민대표대회를 통칭)가 개막했다. 2020년 양회에서는 신종 코로나바이러스 감염증(코로나19)으로 불확실성이 가중되면서 매년 제시하던 '경제 성장률 목표치'를 제시하지 않았다. 하지만 2021년은 중국 경제가 회복세로 전환된 만큼 이와는 다를 것으로 예상된다.

고강도 경기 부양정책에 힘입어 경제 회복

2020년 중국의 국내 총생산(GDP) 규모는 약 101조 6천억 위안으로, 2.3%의 경제 성장률을 보였다. 코로나19라는 악재로 1분기에는 마이너스 성장률을 기록했으나 2분기부터 플러스 성장세로 돌아서며 매 분기마다 상승세를 보였고, 4분기에는 전년 동기 대비 약 0.7%포인트 상승한 6.5%를 달성했다. 중국이 이러한 경제 성적표를 거머쥐게 된 것은 코로나19로 인한 위기에서 벗어나고자 고강도 경기 부양책을 펼친 덕분이다.

2021년 역시 지속적이고 안정적인 경제 성장을 위해 적극적인 경기 부양책이 실시될 것으로 보인다. 더욱이 2021년은 14차 5개년 규획이 시작되는 매우 중요한 해로 적극적인 재정 정책을 실시할 것이다. 하지만 지난해와 같거나 혹은 비슷한 수준이 아닌, 덜 적극적인 재정 정책을 실시할 것으로 예상된다.

중국, 다양한 수입원 통해 재정 조달

2020년 중국 경제는 성장했지만 재정 수입은 오히려 감소했다. 이는 코로나19를 극복하기 위해 실시한 '세금 납부 유예 및 연장, 증치세(우리나라의 부가가치세) 감면 정책' 등과 2019년에 실시한 대규모 '세금 감면 및 비용 인하 정책'의 영향을 받았기 때문이다. 하지만 재정 수입의 감소는 분명 2021년 재정지출 규모에 영향을 주고, 2021년 재정 정책을 적극적으로 펼치는 데 있어서도 어느 정도 영향을 미칠 것이다.

중국 예산법은 "예산 수입에는 일반 공공예산 수입, 정부성기금예산 수입, 국유자본경영예산 수입, 사회보험기금예산 수입이 있다. 일반 공공예산 수입은 세수입, 행정 수수료 수입, 국유자원(자산) 유상 사용 수입, 이전지출 수입 및 기타 수입으로 구성되며 이 중 세수입이 재정 수입의 주요 수입원으로 민생, 경제 사회 발전, 국가 안보, 국가기관 운영 등에 사용된다"라고 규정하고 있다.

중국 재정부가 발표한 수치를 보면, 일반 공공예산 수입은 18조 2,895

억 위안으로 동기 대비 3.9% 하락했다. 이 중에서 세수입의 비중은 15조 4,310억 위안으로 동기 대비 2.3% 하락했다. 앞서 언급하였듯 이는 '세금 납부 유예 및 연장, 증치세 감면 정책', '세금 감면 및 비용 인하 정책'의 영향을 받은 것이다.

세외수입을 제외한 비세외수입은 2조 8,585억 위안으로 전년 대비 11.7% 하락했다. 하락 폭이 매우 크다. 하지만 이는 특수한 상황이 반영된 수치다. 2019년 실시한 '세금 감면 및 비용 인하 정책' 규모가 약 2조 3,000억 위안으로, 중국 정부는 줄어든 예산 수입을 충당하고자 비세수입 중 국유자원(자산) 수입과 국유자본경영 예산 수입 부분을 큰 폭으로 증가시켰다. 이로 인해 2019년 비세수입 규모가 커지면서 2020년에는 상대적으로 대폭 하락한 것으로 나타났다.

하지만 2020년 일반 공공예산 수입에서 비세수입이 차지하는 비중은 15.63%로 2019년과 비교해 1.2%포인트만 하락했다. 이는 2020년에도 코로나19로 인해 국유자원(자산) 수입에 대한 정부의 자금 조달이 증대되었음을 보여 준다.

공공사업 발전에 사용되는 정부성기금예산 수입은 총 9조 3,489억 위안으로 전년 대비 10.7% 증가했다. 이중 중앙정부의 수입은 3,562억 위안으로 전년 대비 11.8% 하락했다. 반면 지방정부 수입은 8조 9,927억 위안으로 동기 대비 11.7% 증가하였고 이중 국유토지 사용 출양 수입이 8조 4,142억 위안으로 동기 대비 15.9%나 증가했다.

국유자본경영예산 수입의 대표적인 수입원은 국유 기업이 정부에 납부하는 이윤이다. 2020년에는 총 4,778억 위안으로 전년 대비 20.3% 증가했다. 중앙과 지방의 수입이 각각 1,786억 위안, 2,992억 위안으로 전년 대비 각각 9.1%, 28.1% 증가했다.

이상 중국은 현재 증세가 아닌 감세로 세수입이 줄어든 만큼 다른 수입원을 통해 재정 수입을 충당하고 있다. 2020년 코로나19로 침체된 경제를 살리고자 과감한 재정 지출을 감행했던 중국은 이제 부채가 감당할 수 없는 상황에 이르렀다. 증세를 논하고 있는 영국과는 대조된 모습이다.

하지만 증세를 논하지 않을 뿐, 중국의 재정 수입은 구조적인 문제를 안고 있다. 일반 공공예산 수입 다음으로 높은 비중을 차지하는 수입원이 지방정부의 정부성기금예산 수입이다. 오래전부터 토지사용권 출양금은 지방정부의 주요 수입원이었다. 세수입만으로 재정 조달이 어려웠던 지방정부는 토지사용권 출양금을 통해 재정을 충당했다.

하지만 중국의 토지사용권이 경쟁매매 방식으로 판매되면서 중국 내 부동산 가격 상승을 부추긴다는 여론이 조성되었고, 중국 내에서 문제점으로 지적됐다. 그러나 이는 여전히 재정난을 겪고 있는 지방정부에게 가장 좋은 수입원이다. 증세는 아니지만 사실상 부동산을 구매한 사람이 최종적으로 출양금을 부담하게 되므로 재정 수입 확대라는 측면에서 증세와 유사하다.

2021년 중국의 재정 정책

중국은 적극적인 재정 정책을 실시하는 데 2가지 원칙을 두고 있다. 첫째는 "재정 적자율이 당해년도 GDP 총량의 3%를 초과해서는 안 된다"이다. 하지만 코로나19라는 위기에서 벗어나고자 가계, 기업, 정부의 차입

중국 베이징의 인민대회당에서 7일(현지시간) 중국인민정치협상회의(약칭 정협) 제2차 본회의가 열리고 있다.
ⓒ신화=연합뉴스

확대를 허용하며 작년 재정 적자율을 3.6%로 상향 조정했다. 개혁개방 이후 처음으로 초과했다.

둘째는 "가계·기업·정부의 부채 총액이 당해년도 GDP의 250%를 초과할 수 없다"이다. 그러나 지난해 10월 말 기준 총 부채액 280조 위안으로 2020년 부채율이 280%를 초과했다.

중국 재정부는 "2020년 말 기준 중국 정부의 총 부채액은 46조 5,500억 위안이며 2020년 GDP 대비 정부 부채율은 45.8%정도로, 이는 국제적으로 통용되는 60%보다 낮은 수준이어서 정부가 적극적인 재정 정책을 실시할 여지가 있다"고 전했다.

하지만 재정 건전성을 고려해 2021년은 적자율 3.6%, 총 부채율 280%를 초과하지 않는 선에서 적극적인 재정 정책이 펼쳐질 것으로 보인다.

침체된 경제를 살리기 위해서 정부의 재정지출은 분명 필요하다. 하지만 경제 성장 못지않게 재정 건전성도 중요하다. 어려운 시기 영국처럼 증세를 논한다면 상황은 더욱 악화될 것이다. 중국과 같이 재정 조달 수입원이 다양하지 않은 우리에게는 어려운 고민이겠지만, 경제도 살리고 재정 건전성도 수호하기 위해 반드시 써야 할 곳에만 쓰는 결단이 필요하다.

조정원
2021. 3. 22.

전기차에 쓰일 전기가
화력 발전소에서 나온다면?

중국, 화력 발전에서 벗어나지 못하는 이유는

화석 연료의 지속적인 사용에 따른 온실가스와 각종 대기오염 물질의 배출로 중국은 기후 변화 대응과 대기환경 문제를 개선하는 데 어려움을 겪고 있다. 이러한 어려움을 극복하기 위해 중국은 태양광, 풍력 등의 신재생에너지 산업 발전과 신에너지자동차(배터리 전기자동차, 플러그인 하이브리드, 수소자동차)의 보급을 추진하고 있으며 중국의 신에너지자동차 판매량은 2015년부터 2019년까지 세계 1위를 기록한 바 있다.

이와 함께 시진핑 중국 국가 주석은 2020년 9월 유엔 총회 연설에서 탄소 배출 제로를 위해 노력할 것임을 언급했다. 그해 11월 22일 G20 정상회의에서는 2030년 전까지 탄소 배출량의 최고치를 기록하고 2060년 이전까지 탄소 중립을 실현할 것임을 밝힌 바 있다. 이와 함께 중국의 14차 5개년 규획 기간의 첫 해인 2021년에는 저탄소 에너지와 탄소 배출이 없는 청정에너지 사용 증대와 신에너지 산업의 지속적인 발전을 추진하고 있다.

그러나 중국 내의 석탄 생산과 소비는 줄어들지 않고 있다. 중국 국가통계국에 따르면 중국의 2016년 석탄 소비량은 27억 4,600만 톤으로 전년 대비 1% 감소했다. 그러나 2017년 석탄 소비량은 27억 6,200만 톤, 2018년 27억 8,400만 톤, 2019년 28억 1,000만 톤(이상 매년 전년 대비 1% 증가), 2020년 28억 1,169만 톤(전년 대비 0.6% 증가)으로 4년 연속 증가세를 보였다. 중국 국가통계국에 따르면 중국의 2019년 석탄 생산량은 38억 4,600만 톤이며, 2020년 석탄 생산량은 38억 4,000만 톤으로 2014년의 석탄 생산량(38억 7,400만 톤)에 근접했다.

중국은 국내 발전소들과 철강 업체들이 중국 로컬 석탄 공급업자들의 공급 가격 인상에 대응하기 위해 해외에서 석탄을 수입하면서 2009년부터 석탄 순수입국으로 전환됐다. 그 이후 중국은 발전소들과 철강 업체들을 중심으로 해외 석탄 수입을 계속하고 있다.

중국의 석탄 수입량은 2019년 3억 톤(전년 대비 6% 증가), 석탄 수입량은 3억 400만 톤(전년 대비 1% 증가)을 기록했다. 2013년 중국의 석탄 수입량이 3억 2,700만 톤을 기록한 이후, 2019년과 2020년 중국의 석탄 수입량은 3억 톤을 넘어서는 흐름을 보이고 있다.

또한 2016년에는 2억 5,500만 톤(전년 대비 25% 증가), 2017년에는 2억 7,100만 톤(전년 대비 6% 증가), 2018년에는 2억 8,200만 톤(전년 대비 4% 증가)에 이어서 2019년과 2020년에도 중국의 석탄 수입량은 계속 증가하는 추세이다.

2009년 중국의 석탄 수입량이 수출량을 초과한 이후, 중국 내에는 석탄 공급 과잉 상황이 계속되었다. 그로 인해 중국 중앙정부는 2014년 10월 석탄 수입관세 조정 조치를 시행하면서 2008년 1월 1일부터 원료탄, 무연탄, 연료탄, 기타 석탄에 임시적으로 적용했던 수입 무관세를 철폐하고, 2014년 10월 15일부터 원료탄 3%, 무연탄 3%, 연료탄 6%, 기타 석탄

5%의 수입 관세를 다시 부과하기로 했다.

그로 인해 2014년 중국의 석탄 수입량은 2억 9,100만 톤, 2015년에는 2억 400만 톤으로 2년 연속 전년 대비 감소를 기록했다. 그러나 2016년 4월과 5월에 광산 조업일수를 330일에서 276일로 조정하면서, 중국 내 석탄 생산량은 줄었고 해외 석탄 수입량이 다시 늘기 시작했다.

이와 같은 중국의 석탄 생산과 소비의 증대는 화석 연료에서 신재생 에너지로 전환하고자 하는 중국의 신에너지 사업을 어렵게 만들고 있다. 중국에는 허베이성(河北省), 샨시성(山西省)과 같이 석탄 산업이 지역의 주요 산업인 성급 행정 구역이 존재한다. 중국 내에서 석탄 사용량이 급격히 감소한다면, 이 지역들의 산업과 경제에 좋지 않은 영향을 주게 되며, 이러한 이유로 지역에서는 석탄 산업의 축소를 원치 않고 있다.

샨시성(山西省)은 2013년 1월부터 2016년 8월까지 성장을 역임했던 리샤오핑이 2016년 3월에 전기자동차를 샨시성에 신형 택시로 보급하는 과정에서, 전기자동차 충전소의 전력은 지역의 석탄 화력발전소에서 공급할 것임을 언급한 바 있다.

2013년 1월부터 2016년 8월까지 성장을 역임했던 리샤오핑은 2016년 3월 샨시성(山西省)에 전기자동차를 신형 택시로 보급했다. 이 과정에서 전기자동차 충전소의 전력은 지역의 석탄 화력 발전소에서 공급될 것이라 언급한 바 있다.

샨시성의 계획은 전기자동차의 보급량이 늘더라도 석탄 화력 발전소에서 생산하는 전기를 연료로 사용하기 때문에 지역 내의 대기오염을 줄이기는 어렵다. 이렇듯 성급 행정 구역에서 석탄의 사용량을 줄이기에는 많은 제약이 있다. 이런 한계로 인해 중국 중앙정부는 석탄 소비량을 큰

중국 석탄 화력발전소 ⓒAP=연합뉴스

폭으로 줄이는 계획을 추진하지 못하고 있다.

실제로 중국 중앙정부는 2016년에 내놓은 '에너지 전략 행동계획 (2016-2020)'에서 중국의 1차 에너지에서 차지하는 석탄의 비중을 2016년부터 2020년까지 62%로 줄이고, 석탄 소비량은 42억 톤 이내로 관리하는 것을 목표로 설정했다. 2014년 중국의 1차 에너지 사용 비율에서 석탄이 차지하는 비율이 65%였던 점을 감안하면, 13차 5개년 계획 기간에 3% 감소를 목표로 세운 것이다. 중국이 단기적으로 석탄의 사용을 대폭 줄이기 어려운 이유는 화력 발전소보다 더 저렴하게 전력을 생산·공급할 수 있는 대안을 찾기가 어렵기 때문이다.

화력 발전소를 신재생에너지 발전소로 전환하는 과정에서 화력 발전소의 고용 인력들이 일자리를 잃을 가능성도 있다. 예컨대 기존의 화력 발전소를 폐쇄하고 덴마크에서 운영하는 바이오매스 발전소로 전환할 경우, 운영 인력이 2명 정도만 필요하기 때문에 화력 발전소에서 일했던 기존의 인원에 대한 고용 승계를 보장하기 어렵다.

환경 문제를 해결하기 위해 화력 발전소를 없애고 석탄 사용을 줄이려다가 실업자가 늘어난다면, 중앙정부나 지방정부는 그들의 재취업을 위한 교육 비용을 부담해야 할 수도 있다. 그렇기 때문에 중국 공산당과 중국 중앙정부가 중국 내 석탄 사용을 단기간에 큰 폭으로 줄일 수가 없는 것이다.

중국에서도 원자력 발전소가 화력 발전소를 대체할 대안 중의 하나로 여겨진다. 원자력 전문가이자 현재 산둥성(山東省) 성장인 리간지에(李幹傑)는 2017년 5월부터 2020년 4월까지 중국의 생태환경부 장관을 역임하면서, 중국 내에 신규 원자력 발전소 건설을 추진했다. 그러나 2011년 3월 11일 일본 후쿠시마 원자력 발전소 사고 이후, 같은 해 중국에서도 원자력 발전소 건설 계획의 심사를 잠시 보류했던 적이 있었다.

상술한 바와 같이 중국은 석탄 사용을 단기간에 줄이기 어렵다. 화석연료에서 신재생에너지로 에너지를 전환하고자 하는 중국의 계획은 장기적, 점진적으로 추진할 수 밖에 없다. 한국과 중국은 현재 진행하고 있는 중국 국내 석탄화력 발전소들의 대기오염 물질 저감 기술 관련 협력 외에 청정석탄 기술의 연구개발을 통해 석탄으로 인한 대기오염 물질 배출량을 줄이고 월경성 대기오염 문제를 완화하는 협력을 추진할 필요가 있다.

'차이나 붐', 왜 중국은 세계를 지배할 수 없는가?

차이나 붐 : 그 기원과 실상, 그리고 전망

중국 자본주의 발전의 동학 및 이것이 지구적 경제 체제에 미치는 영향에 관해 지속적으로 연구해 온 홍호펑(Hung, Ho-fung)의 저서 『차이나 붐: 왜 중국은 세계를 지배할 수 없는가』(글항아리, 2021)가 최근 서울시립대 하남석 교수의 노고로 국내에 번역 출간되었다.

저자가 분명하게 밝히고 있듯이 이 책의 목적은 크게 2가지이다. 하나는 중국의 자본주의적 호황의 기원과 이를 가능하게 한 1980년대의 정치사회적 배경 및 맥락에 관한 총체적이고 역사적인 분석이다. 그리고 두 번째 목적은 중국의 자본주의적 호황의 지구적 효과와 그 한계를 분석하는 것이다.

요컨대 저자는 이 책을 통해 "중

『차이나 붐: 왜 중국은 세계를 지배할 수 없는가』
ⓒ글항아리

국의 자본주의적 호황의 역사적 기원, 지구적 효과, 임박한 쇠퇴를 세세히 검토하여, 좀 더 종합적이고 포괄적인 방식으로 중국의 자본주의적 발전의 전망을 평가할 수 있는 시야를 제공"하고자 한다. 그리고 저자는 이러한 연구 목적을 달성함으로써, 중국 자본주의에 관한 2가지 오래된 신화를 깨려고 시도한다.

저자에 따르면 첫 번째 신화는 오늘날 중국의 경제적 발전이 마오주의적 과거와의 급진적인 단절을 통해 가능했다는 것이고, 두 번째는 중국의 경제적 부상으로 말미암아 중국이 미국 중심의 지구적 신자유주의 질서를 전복할 힘과 의지를 갖게 되었다는 것이다.

중국의 경제적 부상 및 지구적 효과에 관한 신화에 도전

우선 첫 번째 신화와 관련해 저자는 "중국의 자본주의적 호황은 아시아 냉전의 양측에서 각각 발전해 온 마오쩌둥의 유산과 동아시아의 수출 지향 자본주의의 혼합으로 점화되어 폭발"한 것임을 다양한 통계 자료를 통해 실증적으로 논증한다.

즉, 300년간 이어져 온 화교 자본 네트워크를 통해 동아시아 산업 자본이 중국에 진입할 수 있었으며, 마오쩌둥 시기에 형성된 국가 주도 산업화 전략과 국유 기업에 기반한 자본 축적을 통해 21세기 전환기에 중국의 자본주의적 호황이 가능했다는 것이다.

그리고 마오쩌둥 시기의 또 다른 유산으로 '호구 제도'를 통한 도시-농촌 분리 및 이주 금지와 '인민 공사'에서 시행된 농촌 교육 및 보건에의 투자 확대 정책을 제시한다.

이러한 정책을 통해 건강하고 잘 교육받은 대규모의 농촌 잉여 노동력이 형성되었고, 이들이 1980년대부터 '향진 기업'과 수출 지향적 사영 기업에 대거 진출함으로써 중국 자본주의 발전의 토대가 되었다는 것이다.

다음으로 저자는 중국이 미국의 정치경제적 세계 지배와 신자유주의적 질서에 도전하고 있다는 두 번째 신화가 현재 중국의 능력과 의도를 과장한 것이라고 설명한다. 즉, 중국의 수출 주도형 성장 모델은 미국과 유럽의 소비 시장에 과도하게 의존하고 있으며, 특히 미국 채권에 심각하게 중독된 상태이기 때문에 오히려 달러 헤게모니와 미국의 세계 지배력에 중국이 지원자 역할을 하고 있다는 것이다.

이러한 측면에서 저자는 "중국은 새로운 세계 질서로의 인도자가 되는 것이 아니라, 구질서 속의 신흥 강대국일 뿐"이라고 강조한다. 즉, 중국의 자본주의적 호황으로 냉전 이후 서구에 대한 개발도상국들의 의존이 경감된 것은 사실이지만, 중국의 호황 자체가 미국이 만들고 보장하는 세계 자유 시장에 의존하고 있기에, 중국은 지구적 신자유주의 질서와 미국의 패권을 무너뜨리려는 능력도 의지도 없다는 것이다.

오히려 저자는 그동안 중국의 경제적 성장을 떠받쳐 왔던 국유 부문의 부채 기반 투자와 급속한 수출 지향 산업화 정책으로 인해 과잉 투자와 과소 소비, 해외 시장 의존, 부동산 거품 등 중국 경제의 구조적 불균형이 심각한 상태라고 진단한다. 그리고 이러한 중국 경제의 구조적 불균형은 세계 경제에도 심각한 영향을 미칠 것이고, 이는 향후 중국의 지속적인 성장도 가로막는 심각한 장애물이 될 것으로 전망한다.

'임박한 종말' 혹은 '정치사회적 재조정'의 갈림길

따라서 저자는 중국의 자본주의적 발전 구조를 재조정하기 위해서 수출과 투자 비중을 줄이고, 부와 소득의 재분배를 통해 국내 소비가 경제 성장을 주도하는 모델로 전환해 나갈 필요가 있다고 주장한다.

그러나 이러한 조정과 재균형의 과정에서 필연적으로 경제 성장의 둔화가 초래될 것인데, 저자는 중국의 현재 정치 제도가 과연 이를 견뎌낼 수 있을 것인지에 대해 의문을 제기한다.

즉, 극심한 사회적 양극화와 불균형에도 불구하고, 이제까지 경제 호황으로 인해 '업적 정당성'을 부여받아 정치적 안정을 유지했던 중국 정치 체제가 장기적인 경기 침체로 접어들게 되면, 국가 정당성에 도전하는 사회적 소요가 폭발할 가능성이 있다는 것이다.

물론 현재 중국 정부도 글로벌 경제 위기로 미국을 비롯한 선진 자본주의 국가의 소비 시장이 대폭 위축된 상황에서 기존의 고투자, 고수출, 저소비라는 성장 모델을 더는 지속하기 어렵다는 것을 인식하고 있으며, 이에 따른 정책적 대안을 꾸준히 제시하고 있다.

예컨대 올해 발표된 〈14차 5개년 규획과 2035년 미래 목표 강요〉에서도 양적 성장에서 질적 성장으로의 전환, 자립적 기술 혁신, 국내 시장 활성화와 국제 시장 요소 및 자원 유치를 접목한 '쌍순환' 전략 실현 등을 핵심 목표로 제시했다.

또 취업 및 고용 안정을 통한 민생 보장, 향촌 진흥 전략과 신형도시화를 통한 도시와 농촌 및 지역 간 불균형 해결, 사회 보장 체계의 개선을 통한 사회안전망 구축 등도 제시되었다. 그러나 저자가 지적하듯이 현재 중국 경제가 안고 있는 구조적 불균형 문제를 해결하고, 새로운 성장 동력을 창출하기 위해서는 더욱 근본적인 사회정치적 개혁이 수반되어야 한다.

그리고 중국 정부가 이러한 구조적 개혁을 성공적으로 실현하기 위해서는 무엇보다 이제까지 성장의 혜택을 누려왔던 지방 권력층과 기득권 엘리트의 반발과 저항을 어떻게 타개해 나갈 것인지가 관건일 것이다.

중국의 대표적인 비판적 지식인 첸리췬(錢理群)도 지적했듯이 중국은 개혁개방 과정에서 공산당의 통제하에 정치 체제의 개혁은 방치한 채 경제 편향적 개방만을 진행했고, 권위적 정치 체제와 시장 경제가 결탁된 '권력귀족형 시장 경제'를 낳았으며, 이에 따라 '권력귀족 자본가 계층(權貴階層)'이 형성되었다. 또 사영 기업가의 대부분이 공산당 간부나 그들의 자제들로 충원되었다.

이는 다시 당내 권력귀족 자본가 계층과의 결탁으로 이어졌으며, 권력과 재력의 세습이라는 악순환으로 이어졌다. 즉, 개혁개방으로 인한 경제적 호황의 이익이 특정 기득권층에게만 집중되고, 위험과 대가는 오로지 노동자에게 전가되었다는 것이다.

따라서 홍호평은 일반 시민들의 제도적 권력을 강화하기 위한 민주화와 자유화 없이는, 권위주의적 당-국가의 기득권층 특권을 혁파하는 사회정치적 개혁이 불가능할 것이라고 말한다. 특히 첨단 기술을 활용한 사회적 통제와 억압, 공격적 민족주의로의 대중 동원 등 최근 중국 정부가 보이는 행보는 이 우울한 전망의 가능성을 더욱 높이고 있다.

그러나 중국 정부가 '임박한 종말' 혹은 '정치사회적 재조정'의 갈림길에서 어떤 선택을 할 것인지에 따라 세계 경제의 재조정 향방도 크게 좌우될 것이기에, 이는 중국만의 선택으로 남겨둘 문제는 아니다.

저자가 강조하듯이 중국이 그간 지연된 사회정치적 개혁과 경제 재균형이라는 목표로의 "이행을 달성할 수 있을지, 이러한 이행이 얼마나 오래 걸릴지, 또 이 이행이 중국과 세계에 얼마나 고통스러울지는 중국 안팎의 다양한 세력의 상호작용에 달려 있"기 때문이다.

중국, 세계 최대의 천연가스 수입국

천연가스 보급 및 소비 현황과 문제점

중국에는 신장 위구르 자치구, 쓰촨성 등의 천연가스 생산 지역들이 있지만, 자국의 난방, 자동차 연료, 산업용 천연가스의 수요 증대로 인하여 천연가스의 해외 수입을 늘리고 있다. 2019년 3월에 출간된 〈2018년, 2019년 중국 석유·가스 산업 발전 분석과 전망 보고 청서〉(中國油氣産業發展分析與展望報告藍皮書 2018-2019)에 따르면, 중국은 2018년 천연가스 수입량 9,038만 5,000톤(약 1,221억 세제곱미터)을 기록하면서, 세계 최대의 천연가스 수입국이 되었다.

또한 중국 중앙정부는 대기오염 물질 배출량이 많은 석탄 사용을 줄이기 위한 대체 연료로서 천연가스 보급을 추진하고 있다. 중국세관(中國海關)의 통계에 따르면, 2020년 중국의 천연가스 수입량은 1,403억 세제곱미터였는데 그중 LNG(Liquefied Natural Gas, 액화천연가스)의 수입량은 6,713만 톤(약 907억 세제곱미터)으로 같은 해 중국 천연가스 수입량의 약 64.6%를 차지했고 전년 대비 10.75%의 증가를 기록했다.

중국은 최근 호주와의 관계가 악화되면서 호주로부터의 LNG 수입을 줄이려 하고 있지만 카타르, 말레이시아, 인도네시아, 러시아로부터 LNG

선을 통해 수입하고 있다. 또한 중국-중앙아시아 가스관을 통해 투르크메니스탄과 카자흐스탄, 우즈베키스탄의 천연가스를 수입하고 있고, 중국-미얀마 가스관을 통해 미얀마산 천연가스와 중국-러시아 동부 가스관을 통해 러시아산 천연가스를 수입하고 있다.

중국은 상술한 바와 같은 천연가스 수입선의 다변화와 함께 도시와 농촌 지역의 천연가스 보급을 진행하고 있다. 치엔탄산업연구원(前瞻產業研究院)의 2020년 중국 도시가스산업에 대한 분석에 따르면, 2019년 중국의 도시 천연가스 소비량은 1,064억 세제곱미터를 기록했다.

궈진증권 자원환경연구센터(國金證券 資源與環境研究中心)의 2019년 션전가스(深圳燃氣)에 대한 보고서에 따르면, 주요 대도시 중에서 베이징은 2018년 천연가스 사용 가구 672만 호와 천연가스 보급률 70%를 기록했고, 상하이는 같은 해 천연가스 사용 가구 700만 호와 천연가스 보급률 75%를 기록했으며, 션전 시는 2020년 시내 가스 배관망을 통해 천연가스를 공급받는 가구가 260만 호를 넘어섰고 천연가스 보급률은 61.5%를 기록했다.

그 외의 도시들도 지방정부 차원에서 천연가스 보급을 지속적으로 추진하고 있고, 도시 지역의 중산층, 부유층 주민들이 난방과 온수 사용을 위한 연료로 천연가스를 선호하고 있다. 향후 중국의 가스 저장설비와 도시 지역의 가스 공급망 구축이 완료되어 국내 천연가스 공급의 안정성이 확보된다면 중국 도시의 천연가스 소비는 계속 늘어날 것으로 예상된다.

그러나 중국 농촌 지역의 천연가스 보급은 여전히 해결해야 할 과제로 남아 있다. 우선 소득 수준이 낮은 농민들에게 겨울철 난방용 천연가스 사용료는 석탄 사용료에 비해 경제적으로 부담이 되기 때문이다.

중국─러시아 가스관의 헤이룽장성(黑龙江省) 헤이허(黑河) 구간 ⓒ신화=연합뉴스

〈반위에탄〉(半月談) 2021년 1월 14일 자에 보도된 중국의 어느 농촌 기층간부의 발언에 따르면, 중국 농촌에서 40제곱미터의 면적을 하루 난방하는 데 필요한 천연가스의 양은 15세제곱미터, 일일 천연가스 요금은 세제곱미터당 2.75위안(약 484원)인데, 이를 기준으로 40제곱미터 난방을 위해 천연가스를 1달 동안 사용하면 약 1,200위안(약 21만 원)이며, 4개월을 사용할 경우 4,800위안(약 84만 원)을 지불해야 한다.

중국에는 소득 수준이 높지 않은 농민들이 적지 않다. 그렇기 때문에 중앙정부와 농촌의 지방정부에서 농민들에게 난방용 연료로 천연가스를 의무적으로 사용하게 하지 않는다면, 소득 수준이 낮은 농민들이 매달 1,200위안의 사용료를 부담하면서 군이 가스 난방을 사용할까. 그보다 가격이 저렴한 석탄 난방을 선택할 가능성이 높다.

그렇기 때문에 농민들이 경제적 부담 없이 겨울 난방 연료로 천연가스를 사용하게 하려면, 중국 농촌 지역의 지방정부가 재정 보조를 통해 농민들의 겨울 난방용 천연가스 가격을 인하해야 한다.

그러나 중국 농촌의 지방정부 중에는 자체 재정 수입이 많지 않아서 재정 운영의 어려움을 겪는 곳들이 적지 않기 때문에 농민들의 겨울 난방을 위한 천연가스 사용 요금을 충분히 보조하기가 어렵다.

그리고 천연가스가 공급되지 않았던 농촌에 천연가스 배관망을 설치해 천연가스를 공급하려면 많은 과정이 필요하다. 천연가스 물량의 안정적인 확보, 지방정부의 재정과 행정 지원, 지방정부와 배관망 시공 업체, 천연가스 공급 업체 간의 협력, 배관망 공사 과정에서 시공 업체와 주민들 간의 소통이 원활하게 진행되어야 한다. 그러나 행위자들 간의 협력과 소통이 원활하게 진행되기는 쉽지 않다.

2017년에 석탄에서 천연가스로의 전환(煤改氣, 이하 메이가이치)을 의욕적으로 추진했던 허베이성(河北省)도 천연가스 공급 부족으로 석탄에서 천연가스로의 전환을 2020년으로 연기한 바 있다.

그리고 쉬닝(徐寧)이 작성한 지에미엔(界面)의 2020년 11월 20일 기사에 따르면 2020년에 허베이성 정부는 메이가이치를 재개했지만, 허베이성 농촌의 가스 배관망 공사를 진행하는 과정에서 자신의 집에 천연가스 배관망이 들어오는 것을 원하지 않는 주민이 있어서 배관망 공사 진행에 어려움을 겪기도 했다.

또한 허베이성에서는 천연가스 배관망의 규격과 품질에 문제가 있어서 배관망 공사가 지체되는 경우도 있었고, 농민들이 거주하는 가옥에 화재의 원인을 제공하는 물건이나 설비가 있어서 가스 배관망 공사와 가스 공급 및 사용의 장애 요인으로 작용하는 사례도 있었다.

위와 같은 문제들은 중국 농촌의 천연가스 보급을 통한 석탄 사용의 감소, 대기오염의 완화를 추진하는 데 걸림돌이 무엇인지를 보여 주고 있다.

중국은 세계 최대의 천연가스 수입국이 되었고, 중앙정부와 지방정부가 신형도시화를 추진하면서 도시 지역의 천연가스 보급을 지속적으로 확대하고 있다. 그러나 농촌의 천연가스 보급은 상술한 바와 같은 장애 요인들로 인하여 적지 않은 어려움을 겪고 있다.

농민들이 천연가스를 사용할 때 가장 큰 걸림돌은 천연가스의 가격이다. 소득 수준이 낮은 농민들의 입장에서는 천연가스 사용 요금이 지금보다 낮아져야 사용가치가 높아질 것이다. 그래야만 농민들도 천연가스가 석탄보다 대기오염 물질 배출량이 적은 청정연료라는 데 관심을 갖게 되고, 천연가스 도입 및 사용을 위한 배관망 공사, 화재의 원인이 되는 물건 및 설비의 제거에 협조하게 될 것이다.

농촌 행정 단위의 지방정부가 직접 보조금을 투입해서 농민들의 천연가스 사용 부담을 줄여 주기는 쉽지 않을 것이다. 더 많은 중국의 농민들이 천연가스 배관망 공사에 협조하고 천연가스를 사용하게 하려면, 중국 중앙정부나 재정 수입이 풍부한 성(省), 도시의 지방정부가 농민들에게 천연가스 사용 요금에 대한 재정 보조를 시행하는 것도 도움이 될 수 있다.

중국의 배터리 전기자동차, 플러그인 하이브리드의 보급 과정에서도 중앙정부와 성, 대도시의 지방정부가 소비자들에게 구입 보조금을 지원한 정책이 효과적인 수단으로 작용한 바 있다.

다른 나라들과 마찬가지로 화석 연료 에너지를 신재생에너지로전환하고자 하는 중국의 과제는 단기간에 성과를 내기 어렵다. 현재 중국이 직면한 대기오염 문제를 완화하기 위해서도 농촌 지역의 천연가스 전환을 꾸준히 추진해야 한다.

이를 위해 중국의 중앙정부와 성, 대도시의 지방정부는 재정적으로 가능한 범위에서 농민들의 천연가스 사용 증대에 도움이 될 수 있는 구체적인 재정 보조 방안을 수립하고 시행할 필요가 있다.

윤성혜
2021. 8. 16.

알리바바 규제 폭탄, 시진핑의 진짜 목적은?

中 인터넷 플랫폼 기업 규제, 미중 통상갈등 대비 포석

알리바바(阿裏巴巴)에 이어 텐센트(騰訊), 징동(京東), 디디추싱(滴滴出行), 만방(滿幫) 등 중국 굴지의 인터넷 플랫폼 기업들이 정부의 다잡는 고삐에 하나둘씩 무릎을 꿇고 있다. 당국의 규제는 비단 여기서 그치지 않았다. 3대 사회 문제로 떠오르고 있는 의료, 주택(부동산), 교육 분야도 정부의 본격적 관리에 들어갔다. 이로 인한 관련 주가 폭락으로 국내외 여론의 우려가 크다.

중국 정부가 규제를 강화하는 진짜 목적

중국이 국가의 성장 동력이 되는 산업을 키우고 관련 법률 체계를 정비해 온 과정을 살펴보면, 최근 '빅테크' 기업에 대한 중국 정부의 규제 조치는 갑작스러운 것은 아니다. 또한 한국을 비롯하여 EU, 미국 등의 국가도 최근 자국의 빅테크 기업에 대한 단속을 시작하거나, 규제의 필요성이 높아지는 것으로 봤을 때 이는 세계적 추세로 볼 수도 있다. 다만, 고삐를 잡을 시기를 정하는 데 있어 작년 '마윈 사태'가 빌미가 되었을 것으로 판단된다. 따라서 소수 언론에서 이야기하는 것처럼 마치 중국 정부가 거대 공룡으로 성장한 "민영 기업들을 국유화"하려 한다든가, "산업 자체를 죽이려 한다"는 등의 의도가 있는 것은 아닐 것이다.

산업, 특히 서비스 분야에 있어 중국 정부의 전방위적 규제 강화의 속내는 따로 있다. 중국과 미국의 통상갈등은 미국의 정권 교체로 현재 소강 상태에 있다. 양국 간 본격적 충돌이 다시 일어난다면, 그때는 관세 전쟁이 아닌 규범의 싸움이 될 것이다. 얼마나 선진적 경영 환경을 갖추었는지가 전쟁의 우위를 가르는 잣대가 될 것이다.

미국 바이든 행정부의 통상 정책은 '인권과 노동', '디지털' 그리고 '환경'에 초점을 맞추고 있다. 결국 이들 분야에서 미국이 요구하는 수준으로 그 표준을 끌어 올리지 못한다면, 중국은 미국의 공격을 계속 받을 수밖에 없다. 이와 더불어 1차 미중 통상갈등으로 굳게 닫혀 있었던 중국의 금융 시장이 열리기 시작한 만큼, 서비스 전 분야에 대해서도 미국의 개방 압력이 가속화할 것이다. 이에 대한 대비가 어느 때보다 시급하다.

이러한 관점에서 최근 중국의 규제 목적을 다음의 2가지 측면에서 설명할 수 있다. 첫 번째는 빅테크 기업의 불공정 관행 청산을 통해 중장기적으로 기업의 경쟁력을 강화하는 것이다. 두 번째는 미중 통상갈등이 지속되고 있는 상황에서 빅테크 기업의 경영 활동을 통해서 중국의 주요 정보들이 미국으로 유출되는 것을 적극적으로 막기 위해서다. 마지막으로는 중국 사회의 여론을 형성하고, 14억 중국인의 정보를 손에 쥐고 있는 빅테크 기업을 제도적 틀 안에서 적절하게 통제하여 당과 정부가 이에 대한 권한을 확보하겠다는 의도이다.

인터넷 플랫폼 기업에 대한 경쟁력 강화

중국 굴지의 인터넷 플랫폼 기업은 2000년대 초반부터 정부의 산업 보호 정책 아래 자유로운 경영 활동을 통해 급속도로 성장했다. 중국 최대 빅테크 기업의 눈부신 성장은 14억의 내수 시장과 정부의 암묵적 방관에 기반한 것이라 할 수 있다. 하지만 이들 기업의 문어발식 확장과 인수 합병을 통한 시장 독점이 '사회 문제'로 대두되기 시작한 것이다.

최근 국민 메신저로 불리는 위챗(微信)의 모기업인 텐센트가 '반독점법(反壟斷法)' 위반으로 벌금 처벌을 받았다. 텐센트는 음원 스트리밍 서비스에 대한 시장 독점(80% 이상)을 통해서 음반사에 대한 특정판권 계약, 고액의 선급금 지불 요구 등의 불공정 거래 행위들이 적발되었다. 정부의 느슨한 규제를 틈타 이와 유사한 불법적 관행들이 핵심 빅테크 기업들 사이에 이미 팽배한 것이다.

미중 통상갈등의 상황에서 중국은 내수 시장을 계속적으로 확대하고 발전시켜야 하는 과제를 안고 있고, 핵심 기술의 독자 개발에 대한 부담을 가지고 있다. 이런 상황에서 디지털 산업과 시장의 건전한 생태계 구축을 위해 국가 경제를 이끌고 있는 핵심 빅테크 기업들의 불공정 행위를 중국도 더 이상 좌시할 수 없는 것이다. 또한, 중국의 빅테크 기업이 세계적 기업으로 성장했다고 해도 경쟁력의 문제는 다른 차원이다. 중국 정부는 자국의 플랫폼 기업들의 눈부신 성장에 따른 성과에 취해 덩치만 키울 때가 아니라, 시장 개방에 대비하여 기술 개발 등 경쟁력 확보가 더 시급하다고 보았다.

이러한 관점에서 플랫폼 기업에 대한 규제는 단기적으로는 영업이익

2021년 7월 중국 대표 인터넷 플랫폼 기업인 알리바바는 중국 국가인터넷정보판공실(CAC)로부터 불법 콘텐츠 전파 명목으로 벌금 처분을 받았다. ⓒAP=연합뉴스

의 손실로 나타날 것이다. 하지만 기업의 리스크 관리나 공정 경쟁 차원에서 기업의 경영을 선진화하고 경쟁력을 확보하는 계기가 될 것으로 판단된다. 미중 무역 합의에 따라 금융 시장을 개방할 때에도 중국은 느슨했던 규제를 강화하여, 개방 전에 미리 부실 금융 기업을 자체적으로 정리한 바 있다.

핵심 데이터의 국외 반출 통제를 통한 사이버 주권주의 견지

중국 정부가 인터넷 플랫폼 기업 규제에 촉각을 곤두세우는 두 번째 이유는 이 기업들이 다루는 '데이터' 때문이다. "중국판 우버(Uber)"라 불리는 '디디추싱'이나 '만방(물류업계 트럭 공유 앱)'과 같은 기업은 중국 내 주요 교통인프라 데이터, 개인 정보, 주요 시설 등에 대한 방대한 데이터를 축적하고 있다. 지금까지는 이들 기업의 개인 정보 수집 및 이용에 관해 정부의 특별한 제재는 없었다.

하지만 최근 '디디추싱'과 같이 민감한 정보를 가지고 있는 기업이 외국에 상장하는 경우, 그 정보들이 외국으로 유출될 수 있다. 이러한 가능성이 중국 정부에게는 큰 부담으로 다가왔을 것이다. 더욱이 상장회사의 대주주가 중국이 아닌 일본과 미국 기업이라면 더 그랬을 것이다. 이에 중국 정부도 미국이 아닌 중국 국내 증시에 상장할 것을 권고했지만, '디디추싱'은 미국 뉴욕 상장을 감행했다. 이에 사이버보안에 대한 조사가 착수되었고, 조사 과정에서 개인 정보 수집에 관한 위법 사항이 적발됐다.

중국 정부는 민감 정보들이 해외 특히, 미국으로 유출되어 국가 안보를 위협할 수 있다고 보았다. 더욱이 미중 간 긴장 국면에서 어떤 정보가 국가의 안보를 위협할지 모른다면, 더욱 이에 대한 관리·감독 강화가 필요하다. 이에 따라 2021년 7월 7일 중국 공산당과 국무원은 '법에 의거한 증권 위법 활동 엄중 단속에 관한 의견(關於依法從嚴打擊證券違法活動的意見)'을 발표하고, 중국 기업의 미국 증시 상장 제한을 사실상 공식화했다.

이와 더불어 2021년 6월 10일 전국인민대표대회 상무위원회에서 '데이터보안법(數字安全法)'이 통과되어 9월 1일 시행을 앞두고 있다. '데이터보안법' 제정으로 중국 정부는 중국 내 기업의 데이터 생산, 저장, 관리 그리고 유통까지 전 과정에서 기업이 보유한 데이터를 정부가 모두 관할할 수 있는 법적 근거를 마련했다. 또한, '모바일 앱 개인 정보 보호 관리 임시규정(移動互聯網應用程序個人信息保護管理暫行規定)'을 발표하여 플랫폼 기업의 무분별한 개인 정보 수집을 엄격하게 제한했다.

　이러한 정부의 조치는 인터넷 플랫폼 기업이 다루는 '정보'가 국가의 안보와 직결되어 있다는 사실을 상기시켜 주는 동시에, 정부가 법률적 테두리 안에서 이를 효과적으로 통제하는 수단이 될 수 있다는 것을 보여준다. 나아가 디지털 통상에서 중국의 기본 원칙인 '사이버 주권주의' 견지를 위한 초석이 될 것으로 본다.

　최근 중국 정부의 인터넷 플랫폼, 사교육, 부동산 등에 대한 일련의 규제는 성장의 과정에서 발생하는 폐단과 부작용을 바로 잡으려는 과정으로 보인다. 중국이 과연 기업 경영의 자율성과 정부의 규제 사이에서 적절한 균형을 유지하면서, 미국과의 통상갈등에 대비할 수 있을지 지속적으로 지켜볼 필요가 있다.

조정원
2021. 9. 10.

풍력 발전에 열 올리는 중국
보조금 폐지와 배터리 수명 등 과제 넘어야

중국의 풍력 발전 산업은 중국 기업들에 대한 덴마크와 독일 기업의 범용 기술 지원, 중국 중앙정부의 풍력 부품 국산화 정책과 육상 풍력 발전에 대한 보조금 시행, 풍력 발전소 건설에 대한 국가개발은행 등 정책 금융기관의 지원과 중국의 거대한 내수 시장을 활용하여 빠른 속도로 발전해 왔다.

치엔잔산업연구원(前瞻産業硏究院)이 발표한 2020년 중국 풍력 발전 산업에 대한 자료에 따르면, 2020년까지 중국의 풍력 발전 설비 누적 용량은 2조 8,153억 킬로와트(kw)로 전년 대비 34.6%의 증가율을 기록했으며 중국 전체 발전 설비 용량의 약 12.8%를 차지했다. 그중 육상 풍력 발전 설비 누적 용량은 2조 7,100억 킬로와트, 해상 풍력 발전 설비 누적 용량은 약 900만 킬로와트였다.

중국 국가에너지국의 통계에 따르면, 2020년 중국의 신규 풍력 발전 설비는 7,167만 킬로와트로 전년 대비 178%의 증가를 기록했다.

블룸버그 뉴 에너지 파이낸스가 집계한 2020년 중국의 육상 및 해상에서의 신규 풍력 발전 설비 용량은 57.8기가와트(GW)로 같은 해 전 세계 신규 풍력 발전 설비 용량(96.7GW)의 약 59.8%를 차지했다.

중국 국가통계국의 2020년 중국 국내발전량 통계에 따르면 2020년 중국 풍력 발전소들의 발전량은 4,146억 킬로와트시(kwh)로 전년 대비 10.5% 증가하였고, 중국 전체 발전량의 5.6%를 차지했다.

중국 풍력 발전소들의 2020년 발전량은 석탄화력 발전소(5조 2,800억 킬로와트시, 동년 중국 전체 발전량의 약 71.2%), 수력 발전소의 발전량(1조 2,140억 킬로와트시, 동년 중국 전체 발전량의 약 16.4%)과는 큰 차이가 있지만 원자력 발전소(3,662억 5,000만 킬로와트시, 동년 중국 전체 발전량의 약 4.9%), 태양광 발전소의 발전량(1,421억 킬로와트시, 동년 중국 전체 발전량의 약 1.9%)을 넘어섰다.

특히 2020년 중국 풍력 발전소들의 발전량은 태양광 발전소 발전량의 약 2.9배를 기록하면서, 중국의 신재생에너지 발전에서 풍력 발전이 가장 큰 비중을 차지하고 있음을 보여 주었다.

중국은 육상 풍력 발전소와 함께 해상 풍력 발전소의 설비 용량도 지속적으로 확충하고 있다. 세계해상풍력포럼(WFO)의 통계에 따르면, 2021년 상반기 중국의 해상 풍력 발전소 신규 설비 용량은 834메가와트(MW)로 독일에 이어 세계 2위이며 같은 기간까지 중국의 해상 풍력 발전소 누적 설비 용량은 7.9기가와트(GW)를 기록했다.

이와 같은 중국 풍력 발전 산업의 성장은 풍력 발전 관련 기업들과 대학 및 연구소가 함께 풍력 발전 산업 클러스터를 형성하여, 시너지 효과를 창출하는 데서 가능하다. 중국 로컬 기업인 진펑과기(金風科技), 밍양풍력발전(Ming Yang, 明陽風電), 인비전(Envision, 遠景能源) 등이 다른 선진국 업체들과 가격 경쟁력에서 우위를 점하면서 꾸준히 이윤을 창출하고 있기 때문이다.

또한 중국의 화북 지역과 동북·서북 지역은 풍력 발전소 운영에 필요한 바람을 활용하기 유리한 자연환경을 갖추고 있으며, 신규 풍력 발전소에 필요한 공간 확보에 있어서도 다른 국가들보다 어렵지 않은 점이 중국의 풍력 발전 산업이 성장할 수 있는 요인이다.

2020년의 중국 내 신규 풍력 발전 설비 용량이 증가하게 된 것은 2021년에 중국 중앙정부가 육상 풍력 발전소와 태양광 발전소의 전기 요금에 대한 보조금 혜택을 중단할 계획을 감안하여 관련 업체들이 신규 설비 건설을 서둘렀던 영향이 적지 않다.

2021년 6월 11일, 중국 국무원 국가발전개혁위원회(이하 발개위)는 동년 8월 1일부터 새로 건설할 예정인 육상 풍력 발전소와 태양광 발전소들에 대한 보조금 제공을 중단하기로 하였다.

발개위의 결정은 새로 만들어진 풍력 발전소와 태양광 발전소의 비용이 낮아지는 추세가 계속되면서, 중국 중앙정부의 보조금을 폐지한 상태에서 풍력 발전, 태양광 발전으로 만든 전기를 중국 국내 전력망에 공급하여 전기 요금을 책정해도 무리가 없다고 판단했기 때문이다.

그러나 중국의 발전량에서 풍력 발전이 차지하는 비중이 더 커지기 위해서는 지속적인 신규 발전 설비의 확충 외에도 전력망에서 전기가 공급될 때 발생하는 전력 손실인 기풍 현상을 완화하고, 외부로 전력을 송출하기까지의 어려움을 해결하는 것이 중요하다. 이를 위해 중국은 화북과 동북, 서북 지역의 풍력 발전소들과 연계하여 설치한 특고압 송전선을 설치하였다.

그러나 풍력 발전소에서 만든 전기를 특고압 송전선으로 외부로 송출하는 일은 계획한 만큼 성과를 내지 못했다.

중국 장쑤성 옌청시의 풍력발전기 ⓒEPA=연합뉴스

친하이옌(秦海巖) 중국 재생에너지학회 풍력 전문위원회 사무총장이 2020년 11월 26일 제2회 풍전산업기술 심포지엄에서 공개한 자료에 따르면 화북·동북·서북 지역의 10개 배송로에서 풍력발전소를 비롯한 신재생에너지 발전소의 연간 송전량을 5,200억 킬로와트시를 계획했지만, 실제 송전량은 2,079억 킬로와트시로 설계 송전량의 40% 정도에 그쳤다.

지에이멘(界面)의 2020년 11월 17일 보도에 따르면, 중국 내 풍력 발전소들이 외부로 전력을 송출할 때 원활하지 않은 이유는 중국의 전력망 업체들이 풍력 발전소의 중국 국내 전력망 편입과 원격 송전에 투자하더라도 수익을 내기가 쉽지 않기 때문이다.

또한 최근 중국 중앙정부가 신규 육상 풍력 발전소 관련 보조금을 폐지하기로 한 후로, 중국 전력망 업체들은 육상 풍력 발전소의 국내 전력망 연계와 원격 송전망의 효과적인 활용에 투자하기를 망설일 수도 있다.

또한 풍력 발전소와 ESS의 연계가 필요할 수 있다. 하지만 ESS의 배터리 수명은 10년 정도인 것에 반해 풍력 발전소의 라이프 사이클은 25년이다. 따라서 배터리를 최소한 2번 교체하는 데서 2배~3배의 추가 비용이 발생하는 문제도 간과할 수 없다.

중국 중앙정부와 풍력 발전 관련 기업들, 연구 기관들은 상술한 바와 같은 경제적·기술적 어려움을 극복할 수 있는 방안을 도출해야 하는 과제에 직면해 있다.

김현주
2021. 10. 15.

중국 석탄 문제, 흑묘백묘 아닌 '녹색 고양이'가 잡을까

경제 발전과 환경 보호 양립할 수 있나

중국의 석탄 가격은 왜 계속 오를까?

중국의 석탄 가격이 급상승했다. 1톤에 976위안까지 내려갔던 석탄 가격이 9월 9일에는 1톤에 3049.5위안으로 껑충 뛰어올랐다. 이렇게 석탄 가격이 폭등하게 된 이유 중 하나는 수입량이 급감했기 때문이다.

사실 중국의 석탄 생산량은 세계의 절반이나 차지한다. 중국 국가통계국 자료에 따르면, 중국의 석탄 생산량은 38.4억 톤 정도이다. 그러나 석탄 수입량 또한 세계 최고이다. 2020년 말 중국의 석탄 수입이 3.04억 톤이고, 인도네시아, 오스트레일리아, 러시아, 몽고, 필리핀 등에서 석탄을 수입하고 있다. 그런데 2021년 1월부터 8월까지의 수입량은 10.3% 줄었다. 이로 인해 중국 내 석탄 공급에 큰 차질이 생겼다.

석탄 공급의 부족은 결국 전기 문제로 이어졌다. 2021년 9월 한 달만 보더라도 정전이 되거나 전기를 제한한 성(省)이 20여 곳에 이르고 랴오닝, 헤이룽장, 지린의 동북 3성 역시 전기를 제한했다.

2020년까지 코로나로 인해 생산을 멈춘 공장이 많았지만, 코로나로

정전사태로 한 중국식당에서 손님들이 휴대전화 불빛으로 식사를 하고 있다. ⓒAP=연합뉴스

부터 빠르게 회복한 중국은 그에 발맞추어 공장 가동률이 증가했다. 그에 따라 전기 사용량은 올해 1월~6월 동년 대비 16.2% 증가했다. 미중 무역 갈등이 시작된 2018년 이후부터 서서히 줄어들었던 전기 사용량이 코로나 회복 이후 급속히, 그리고 너무 큰 폭으로 증가했다. 특히 제조업의 회복이 눈에 띈다.

지금까지 중국은 석탄 에너지를 위주로 소비해 왔다. 2019년 중국의 에너지 소비 총량에서 석탄 에너지가 차지하는 비중은 57.1%에 이른다. 이것은 인도와 비슷한 수준이다.

대부분의 나라가 원유, 석탄, 가스 등 다양한 에너지를 사용하는 것과는 사뭇 다르다. 그만큼 석탄 문제는 중국 사회에 큰 영향을 미치고 있다.

그런데 이 사태가 가속화된 주요 원인 중 하나는 호주와의 관계 악화이다. 화웨이, 코로나 책임론 등으로 호주와 갈등을 겪고 있는 중국이

2020년 10월부터 호주산 석탄 수입을 금지했기 때문이다.

호주산 석탄 수입이 60% 이상 줄어든 상황에서 중국은 부족한 석탄을 콜롬비아, 남아공, 인도네시아 등에서 보충하고자 했지만 여의치 않았다. 결국 석탄 부족은 에너지 소비가 큰 공업 분야에 영향을 주었고, 철강업·방직업·화공업 등의 기업에 전력 공급이 제한됐고, 그 결과 생산에 영향을 미쳤다.

석탄 문제는 녹색 성장을 위한 필연적 요구일까?

2030년까지는 이산화탄소 배출 최고치를 달성하고, 2060년까지 탄소 중립을 실현하겠다(雙碳)고 약속한 중국은 에너지 소비를 줄이고 탄소를 배출하는 산업 구조를 개선하겠다는 야심찬 계획을 갖고 있다. 그 일환으로 전력 제한을 실시하였다. 석탄 수입도 줄어들었지만, 서서히 석탄 사용을 줄이겠다는 계획도 전력을 제한한 이유 중 하나다. 석탄이 부족하기는 하지만 사실 그것이 주요한 원인은 아니라는 것이다.

정부에서 설정한 목표까지 기준에 못 미치는 여러 성들이 앞다투어 전력을 제한하자, 혼란은 더욱 가중되었고, 덕분에 중국의 인민들만 힘들어졌다. 이는 전력 위기설을 부추긴 결과였다.

물론 이런 결과는 다 예상한 것이었다. 2017년 7월 15일 중국 국가통계국의 류아이화(劉愛華) 국장은 기자들과의 질의응답에서 이중 탄소(쌍탄) 목표가 석탄 공급에 불안을 야기하거나 전력난을 초래하거나 경제적 불안을 야기할 수 있다는 지적에 대해, 탄소 중립이 "필연적 요구"라고 답했다.

또한 그는 탄소 중립을 통해 실현될 '녹색 성장'으로 새로운 수요가 만들어지고, 새로운 산업이 생겨남으로써 새로운 기회가 생길 것이라고 긍정적으로 평가했다. 힘들어도 도전에 맞서야 한다는 입장을 밝힌 것이다.

이는 중국의 에너지 문제가 당분간 지속될 것을 의미하며, 석탄 공급의 차질과 석탄 가격의 폭등은 중국이 녹색 성장으로 전환하기 위해 겪을 수밖에 없는 산통이라는 셈이다.

2009년 유엔 보고서(Global Green New Deal Report)에 따르면, 금융 위기는 자원의 공급과 수요 간의 불일치에서 비롯되었다. 에너지 문제가 해결되지 않는다면 금융 위기가 다시 올 수 있다는 것이다.

세계 최대 석탄 생산국이며 소비국인 중국은 최대 오염 발생국이기도 하다. 과거에 발전과 성장을 위해 환경 문제와 기후 문제에는 눈을 감아왔지만, 그것이 중국의 지속가능한 발전에 중대한 영향을 미칠 수 있다는 자각을 하자 발 빠르게 정책을 수립하게 된 것이다.

2020년 현재 중국의 전체 인구는 14억 명을 넘어섰다. 이는 2010년에 비해 5.38% 증가한 수치이며, 연평균 증가율은 0.53%에 이른다. 이와 같은 인구 실태는 중국의 녹색 성장 전략 추진을 부추기는 원인 중 하나다.

이러한 일환으로 중국은 재생가능 에너지원 개발에 힘을 쏟고 있으며, 풍력 에너지·태양열 에너지 등 대체 에너지 개발을 지원하기 위한 정책들을 수립했다.

개혁개방의 주자 덩샤오핑은 "하얀 고양이든 검은 고양이든 쥐만 잡으면 좋은 고양이"라며 생산력을 높여 중국인을 먹여 살릴 수만 있다면 자본주의든 사회주의든 중요하지 않다고 주장하며 개혁개방을 독려했다.

그러나 오늘날 중국에서 녹색 산업은 '녹색 고양이'로 묘사된다.

과거에 '평화굴기'를 얘기했다면, 지금은 '녹색굴기'를 얘기한다. 〈뉴욕타임스〉의 칼럼니스트 프리드만(Thomas L. Friedman)이 중국에 '녹색 고양이'가 필요하다고 지적한데서 비롯된 '녹색 고양이'론이 정말로 중국에서 새로운 고양이론으로 등장하게 된 것이다. 중국이 기르기 시작한 '녹색 고양이'는 과연 경제 발전과 환경 보호라는 두 마리 쥐를 다 잡을 수 있을까?

중국, 미국과 기후변화 선언에도…
석탄 연료 획기적 감소는 어렵다
중국의 에너지 정책과 기후변화 대응의 향방

중국은 올해 여름부터 발생한 전력난으로 에너지 정책과 기후변화 대응에 있어 중국 내 상황을 감안한 선택을 하고 있다. 2021년 10월 31일부터 2주 동안 영국 글래스고에서 진행된 제26차 유엔 기후변화협약 당사국 총회(COP26)에서 중국은 러시아와 함께 기후변화 특별 정상회담에 참여하지 않았다.

또 미국과 일본, 인도, 호주와 함께 COP26에서 40여 개국이 참여한 석탄 화력 발전의 단계적 폐지 방안에 중국은 불참하였다. 그러나 11일에 중국은 미국과 함께 기후변화 선언을 공개하기도 했다. 중국이 COP26 회의 기간에 보여 준 행보들은 최근 중국의 에너지 정책과 기후변화 대응, 탄소 중립에 대한 입장을 살펴볼 수 있는 근거가 됐다.

우선 중국은 COP26에서 석탄 사용을 단기간에 획기적으로 줄이기 어렵다는 점을 보여 줬다. 비록 지난 9월 21일 시진핑 국가주석은 유엔총회 기조연설에서 해외에서의 신규 석탄 화력 발전소 건설을 중단하겠다고 선언한 바 있지만, 석탄 화력 발전소의 단계적 폐지에는 동의하지 않았다.

중국이 석탄 화력 발전소의 단계적 폐지 방안에 불참한 이유는 다음과 같다. 중국의 내수와 수출용 제품 생산을 위해서는 석탄 화력 발전소 가동을 통해 안정적인 전력 공급이 필요하며, 2021년 전력난을 겪은 중국이 전력 공급에서 석탄 화력 발전소의 비중을 축소하는 것은 단기간에 불가능하다는 판단을 했기 때문이다.

중국 세관의 통계에 따르면 2021년 1월부터 10월까지 중국의 수출액은 17조 4,900억 위안으로 전년 동기 대비 22.5% 증가했다. 중국 내수 시장 외에도 해외 시장에서 중국 공산품에 대한 수요가 증가하고 있기 때문에, 중국 제조업의 생산과 수출을 위해서는 석탄 화력 발전소를 가동해 전력을 안정적으로 공급하는 일이 무엇보다 중요해졌다.

석유와 천연가스의 사용 축소, 금지에 대한 문제도 마찬가지다. 중국 경제에서 화석 연료는 러시아, 인도, 호주가 그렇듯 매우 중요하다. 따라서 화석 연료의 사용을 축소하거나 금지하는 데 있어 중국은 반대할 수밖에 없는 입장이다. 특히 중국은 농촌에서 사용하는 가정용 원료를 석탄에서 천연가스로 전환하는 것도 현재 진행 중이다.

그렇기 때문에 현재 준비되고 있는 COP26 합의문 초안에 중국은 '탄소 배출 제로' 시한을 정하거나 이를 강제하는 구체적인 방안에 대한 합의를 주도하지 않을 것으로 예상된다.

미중 기후변화 선언에서도 중국은 석탄 소비의 점진적 축소에 초점을 맞췄다. 이는 미국이 2035년까지 전력 분야에서 탄소 오염을 완전히 제거하겠다는 목표를 제시한 것과는 차이가 있다.

이번 미중 기후변화 선언에서 긍정적인 부분은 중국이 미국과 메탄가스 배출 통제와 감소에 대한 협력을 추진하기로 한 것이다. 중국은 중앙정

세전화 중국 기후특사가 지난 10일(현지 시각) 미중 기후변화 대응 협력과 관련하여 발언하고 있다.
ⓒAP=연합뉴스

부와 각 지역의 지방정부 차원에서 메탄가스 배출 통제를 강화하기 위한 국가행동계획을 수립하고, 2020년대에 메탄가스의 배출 통제 및 감소에서 의미 있는 결과를 달성하기 위해 미국과 협력하기로 합의했다.

메탄가스는 이산화탄소보다 적외선을 붙잡는 효과가 훨씬 높고, 약간의 농도가 증가해도 온실가스 효과가 급격하게 커지는 특성을 가지고 있다. 그렇기 때문에 메탄가스 배출의 통제 및 감소는 향후 지구온난화 문제를 완화하기 위해 세계 각국이 협력해야 하는 중요한 분야로 부각되고 있다.

이 같은 메탄가스 배출의 통제 및 감소에 대한 협력 외에도 중국과 미국은 기후변화 대응 실무그룹을 구성해 기후변화 대응 협의를 정례화하기로 합의했다. 향후 양국 간의 협의에서 기후변화 대응을 위한 구체적인 협력 방안이 나올 것으로 예상된다.

미국과 중국 간 기후변화 협력은 2014년 1월 당시 미국 대통령이었던 버락 오바마와 시진핑 중국 국가주석이 양국 정부 간의 워킹그룹 운영, 탄소 포집과 활용 및 저장(CCSU)을 비롯한 실질적 협력 추진에 합의했을 때로 거슬러 올라간다.

이후 양국은 2015년 12월 12일 파리에서의 제21차 유엔기후변화협약 당사국 총회(COP21)에서 195개 국가들이 산업화 이전 대비 지구 평균 기온 상승을 1.5℃ 이하로 제한하기 위한 노력에 합의하는 파리협정을 도출하는 데 기여하였다.

그러나 오바마 2기 행정부 임기 종료 후, 민주당의 기후변화 대응 정책과 반대 성향인 도널드 트럼프의 공화당 행정부가 등장하면서 미국은 파리협정에서 탈퇴했다. 이로 인해 중국은 정부 차원에서 미국과의 기후변화 협력을 추진하는 데 어려움을 겪었다.

그러나 도널드 트럼프는 2020년 11월 대통령 선거에서 민주당 조 바이든에 패하면서 연임에 실패했고, 2021년 1월 20일 조 바이든의 민주당 행정부가 출범하면서 기후변화가 중국과 미국 간 주요 협력 의제로 다시 등장했다.

COP26 회의 기간에 공개된 중국의 입장을 살펴보면, 석탄을 비롯한 화석 연료 사용을 획기적으로 감소하는 것은 어렵다는 점을 다시 확인할 수 있다. 그리고 중국은 미국과 함께 메탄가스 배출 통제 및 감소에 초점을 맞추고, 자국의 태양광·풍력 산업의 발전과 수소 경제 구축에 도움이 되는 방향으로 대외 협력을 추진할 것으로 예상된다.

한국 정부와 기업들은 이와 같은 중국의 입장을 감안해서 에너지, 환경, 기후변화 대응에서 중국과의 협력 방안을 모색하는 것이 바람직하다. 무엇보다 한국과 중국은 중국의 기후변화 대응 핵심 기술인 CCSU 기술, 메탄가스 배출 저감 기술의 실증과 연구 개발을 위한 시범단지 운영을 통해 보다 실질적인 협력을 추진하는 것이 필요하다.

경제대국 중국, 이제는 돌려줘야 할 때
'일반특혜관세제도'와 중국의 지위

선진국이 개발도상국으로부터 수입하는 제품에 대하여 상대적으로 낮은 관세를 적용하는 제도를 일반특혜관세제도(GSP, Generalized System of Preference)라고 한다. 이 제도를 적용받기 위해서는 개발도상국 세관으로부터 원산지 증명서를 발급받아야 한다.

우리나라의 관세청에 해당하는 중국의 해관은 10월 25일 "32개국에 대한 일반특혜관세제도 원산지 증명서 발급을 2021년 12월 1일부터 중단한다"라는 내용을 발표했다. 그런데 일부 언론에서는 "32개국이 중국에 대하여 최혜국 대우를 취소했다"라며 잘못된 정보를 전하기도 했다.

이에 중국 정부는 잘못된 정보를 바로 잡기 위해 "일반특혜관세제도와 최혜국 대우(WTO의 기본 원칙 중 하나로 WTO 회원국 간 차별 대우해서는 안 된다는 원칙)는 서로 다르다. 32개국이 일반특혜관세제도를 취소한 것이다"라고 해명했다.

논란이 된 '일반특혜관세제도'란?

'일반특혜관세제도'를 조금 더 구체적으로 살펴보자면, 선진국이 개발도상국의 수출 경쟁력 강화를 통한 경제 성장을 지원하기 위해 개발도상국에서 생산된 제품을 수입할 때 최혜국 세율에 기초하여 관세를 없애거나 세율을 낮추는 관세 혜택 제도다.

이 제도는 1971년 유럽공동체(EC) 6개국에서 처음 도입·시행했다. '일반특혜관세제도'는 개발도상국을 대상으로 하기 때문에 개발도상국의 경제력 수준을 고려하여 선진국이 언제든 혜택을 취소할 수 있다. 이를 '일반특혜관세제도 졸업'이라고 표현한다.

중국은 1978년도부터 EU 27개국, 영국, 유라시아 경제연합 3개국(러시아, 벨로루시, 카자흐스탄), 터키, 우크라이나, 캐나다, 스위스, 리히텐슈타인, 일본, 노르웨이, 뉴질랜드, 호주 등 40개국으로부터 관세 특혜를 받았다.

이후 2001년 세계무역기구(WTO) 가입으로 눈부신 경제 성장을 달성한 중국은 2010년 미국에 이어 세계 2위의 경제 대국이 되었다. 이에 많은 국가들은 중국에 대한 '일반특혜관세제도'를 취소하기 시작했다. 이는 중국이 더이상 개발도상국이 아니라는 것을 의미하며, 그러므로 제도로부터 졸업을 시킨 것이다.

세계은행, 국제통화기금 등 국제적인 기구나 기관마다 국가를 구분하는 기준이 다르다. 세계은행은 1인당 소득 수준을 기준으로 국가를 분류한다. 세계은행의 2020년 기준에 따르면, 소득 수준이 1,035달러 이하 시 저소득 국가, 1,035달러 초과 4,045달러 이하는 중하위소득 국가, 4,045달러 초과 1만 2,535달러 이하는 중상소득 국가, 1만 2,533달러 초과는 고소득 국가이다.

중국은 1인당 국내총생산(GDP)이 2011년에 이미 4,045달러를 초과하여 2020년에는 1만 1,300달러를 달성했다. 중국에 '일반특혜관세제도'를 실시해 온 국가들은 이를 근거로 중국이 더이상 개발도상국이 아니라며 관세 혜택을 취소했다.

'일반특혜관세제도' 취소가 중국 수출에 미칠 영향은?

일부는 이로 인해 중국 수출이 큰 타격을 받을 것이라고 우려하지만, 실제 그럴 가능성은 높지 않아 보인다. 중국 해관이 32개국에 대한 '일반특혜관세제도' 원산지 증명서 발급을 중단한다고 발표하여, 32개국이 한 날한시에 취소한 것처럼 생각할 수 있으나 현실은 그렇지 않기 때문이다.

우크라이나는 2012년, 캐나다와 스위스·리히텐슈타인(두 국가는 관세 동맹을 맺은 관계로, 관세 동맹을 맺을 시 동맹국 이외의 나라와의 교역에 대하여 공통 관세를 적용)은 2014년, 유럽과 영국 및 터키(유럽과 관세 동맹)는 2015년, 일본은 2019년, 유라시아 경제연합 3개국은 2021년 취소했다.

중국은 이번 32개국에 앞서 일본과 유라시아 경제연합 3개국에 대한 원산지 증명서 발급 중단을 먼저 발표하였다. 이로써 총 40개국 중 총 37개국이 '일반특혜관세제도'에서 중국을 졸업시킨 것이다. 노르웨이, 뉴질랜드, 호주만이 이 혜택을 부여하고 있다.

코로나19 사태 이후, 중국과의 관계가 악화일로를 걷고 있는 호주가 이 혜택을 유지하는 것이 조금 의아하다는 생각이 들 수 있다. 그러나 호주 입장에서는 이를 굳이 취소하면서까지 국가 간의 관계를 단절시킬 이유가 없다. 중국과의 무역에 있어 호주는 만년 흑자를 기록하고 있기 때문이다.

두 국가의 관계가 냉각기에 접어든 2021년 10월 말 기준, 중국의 대호주 수출액과 수입액은 각각 481억달러, 1,196억달러다. 노르웨이, 뉴질랜드 역시 중국과의 거래에서 흑자국으로 굳이 취소할 이유가 없다.

일찍이 취소한 우크라이나와 캐나다 모두 수출이 감소하지 않고 증가했다. 더욱이 미중 간 무역 분쟁으로 미국은 중국 제품에 대하여 고율의 관세를 부과하였지만, 오히려 중국의 대미 수출이 증가하였다. 이를 볼 때 '일반특혜관세제도'의 취소가 중국의 대외 수출에 큰 영향을 미치지 않을 것으로 분석된다.

중국, 개발도상국 졸업?

일각에서는 중국에 대한 '일반특혜관세제도'의 취소가 중국을 고립시키기 위함이라고 진단한다. 하지만 앞서 언급했듯 37개국이 한꺼번에 취소를 한 것이 아니라, 다년간에 걸쳐 진행된 것이므로 37개국이 중국 고립을 의도했다기보다는 이제 중국이 개발도상국이 아니라는 것을 공식화하여 중국을 압박하려는 의도로 해석할 수 있다.

2020년 도널드 트럼프 전 미국 대통령이 "경제 규모가 세계에서 2위인 중국이 왜 개발도상국이냐?"라며 중국에게 문제를 제기할 때, 중국은 WTO 개발도상국 지위를 포기하지 않겠다고 한 바 있다.

하지만 1년이 지난 2021년에 중국은 "37개국으로부터 일반특혜관세제도가 취소되어 더이상 원산지 증명서를 발급하지 않는다"라고 공식적으로 발표하면서 "일반특혜관세제도를 졸업한 것은 중국이 그만큼 성숙했음을 의미한다"라고 언급했다.

불과 1년여 만에 개발도상국 졸업에 의미를 부여한 중국이다. 하지만 자국의 이익을 위해 결코 WTO 개발도상국 지위를 포기하지는 않을 것이다.

2021년은 중국이 WTO에 가입한 지 20주년이 되는 해이다. 아마도 중국은 이를 기념하기 위해 개발도상국 졸업이라는 의미를 부여했을지 모른다. 하지만 중국은 선진국의 '일반특혜관세제도'와 WTO 체제하에서 괄목할 만한 성장을 거두며, 세계 제2의 경제 대국이 됐다. 이제 중국도 다른 개발도상국에 대하여 '일반특혜관세제도' 혜택 등과 같은 책임 있는 행동을 보여줘야 할 것으로 보인다.

3부

모두가 함께 잘 사는 중국,
이뤄질까?

중국 베이징 중산층의 자녀 교육
2000년대 출생자들, 〈링링허우(零零後)〉의 세계

"열심히 돈 벌어서 내 집 마련하는 게 더 이상 인생의 목표가 아니야!"

다큐멘터리 영화 〈링링허우(零零後)〉를 접했다면, 영화에서 말하는 '링링허우'란 중국에서 태어난 2000년대(2000~2009) 생들을 특정하는 말이라는 것을 알 것이다. 화제의 다큐멘터리 영화 〈링링허우〉를 다시 살펴보자.

다큐멘터리 영화 〈링링허우(零零後)〉

영화 〈링링허우〉는 다큐멘터리 감독이자 베이징사범대학 교수이기도 한 장퉁다오(張同道)가 2006년부터 12년 동안 2001년에 태어난 18명의 어린이를 추적 촬영하여 그들의 성장기를 기록한 다큐이다. 2019년에 그는 그동안 촬영을 이어 온 아이들 중 2명을 주인공으로 선정하여 그들의 성장기를 1편의 영화로 갈무리했고, 영화의 제목을 〈링링허우〉라고 붙였다.

장퉁다오가 당초에 이 다큐를 기획하게 된 것은 2001년생인 자신의

중국 베이징 멘터우 구의 한 유치원에서 어린이들이 손수 만든 부채를 들고 있다. ⓒ신화=연합뉴스

아들이 80년대 생이나 90년대 생들과는 "많이 다르다"는 것을 느꼈기 때문이라고 한다. 2000년대 생들에 대한 기록을 남기기로 결심한 그는 촬영에 응할 아이들을 찾아 나섰다.

여러 명의 아이들을 동시에 촬영할 수 있는 장소를 물색하다 보니 자연스럽게 어린이집이 물망에 올랐다. 그러나 그의 이런 기획에 관심을 보이는 어린이집은 없었고 결국 그는 지인이기도 했던 '파쉐위안(芭學園)' 유치원 원장의 동의를 얻어 촬영을 진행하게 된다.

장퉁다오가 의도한 것은 아니었지만 '파쉐위안'이라는 유치원이 촬영 장소로 선정되면서, 그의 다큐는 베이징의 중산층이라는 특정 계층 아이들만을 촬영할 기회를 얻게 된다. '파쉐위안'은 마리아 몬테소리(Maria Montessori)의 몬테소리 교육 방침을 교육 이념으로 내걸었던 신형 사립 유치원이었다.

교육 이념은 물론 교사와 보육교사 등 여러 면에서 우월한 환경을 자랑했고, 국공립 유치원에 비해 단연 높은 비용이 요구되었다. 파쉐위안의 아이들은 보통의 가정보다는 높은 수입을 가지고 있는 흔히 말하는 북경 중산층 가정의 자녀들이었다.

처음 촬영을 시작하였을 때는 18명의 어린이가 촬영에 참여했다. 그러나 12년이라는 긴 세월이 지나는 동안 일부는 촬영을 중단했고 일부는 해외로 이주하는 등 이런저런 이유로 결국 끝까지 촬영을 이어갈 수 있었던 아이는 10명 내외에 불과했다. 장퉁타오가 영화에 등장시킨 아이는 그 중의 두 아이였다. 하나는 어렸을 때부터 '조무래기 대장'으로 활약하였던 남자아이였고 또 하나는 '공주'라는 별명을 가지고 있었던 극히 예민한 성향의 여자아이였다.

영화 〈링링허우〉는 이렇게 개성이 뚜렷한 아이들의 성장과정과 사회 적응기에 주목한다.

교육 시스템, 제도 내적인/외적인

영화 주인공들은 정반대의 성향을 가지고 있는 두 전형이기도 했다. 남자아이는 외향적이고 주도적이며 항상 앞장서기를 좋아하는 에너지 넘치는 유형이었고 여자아이는 감수성이 예민하고 어울리기를 싫어하는 혼자만의 세계 속에서 살아가는 아이였다.

두 아이는 모두 개성이 너무 뚜렷한 존재들이었고, 이런 뚜렷한 개성은 그들의 순탄치 못할 학교생활을 예견하게 했다. 예상은 빗나가지 않았고 두 아이의 학교생활은 암울하기까지 했다.

그렇게 즐겁고 활발하고 에너지 넘치던 남자아이는 학교에 들어가면서 소위 말하는 '문제아'가 되었다. 모든 것을 오로지 성적으로만 평가하는 공교육 시스템 속에서 성적이 나쁜 아이는 낙오자였고 문제아였다.

순탄치 못한 학교생활에서 그에게 인생의 전환기를 만들어 준 것은 럭비였다. 미국 유학을 염두에 두고 선택한 럭비는 결국 그를 럭비선수의 길로 이끌었다. 3년의 노력 끝에 그는 럭비 국가 대표 선수로 발탁되었고 세계 럭비대회에 출전하는 영광까지 누리게 된다. 그리고 그는 럭비에 대한 꿈을 안고 예정대로 미국 유학길에 오른다.

반면에 처음부터 국제학교를 선택한 여자아이는 수학 성적이 발목을 잡았다. 오르지 않는 수학 성적으로 고민하던 그녀도 결국 조기 유학을 선택한다. 어린 나이에 해외 유학길에 올라 홈스테이를 세 차례나 옮겨 가면서 갖은 고생을 한다. 학교 성적은 모두 'A'였지만 사회 교류와 생활에 문제가 많았다.

나이가 너무 어리다는 것 외에도 여러 가지 문제가 있었지만, 결국 그녀는 네 번째 홈스테이 가정에서 정착하는 데에 성공하고 우수한 성적으로 퍼듀대학 교육학과에 입학하였다.

미국 유학이 무조건 정답은 아니다. 그리고 누구나 다 미국 유학을 누릴 수 있는 것도 아니다. 영화 〈링링허우〉가 논란이 되었던 것은 바로 이런 지점이었다. 실제 사례를 통해 '교육'에 대해 다시 생각하고 새롭게 바라보게 하자는 취지의 다큐였지만, 궁극적으로는 재력의 문제로 귀결되고 말았기 때문에 씁쓸하지 않을 수 없다.

그가 촬영했던 18명의 아이들 중 대부분이 미국과 캐나다에 유학 중이라는 사실이 이를 말해 준다. 그럼에도 불구하고 이 영화는 우리가 생각하는 '교육'이라는 것에 대해 다시금 생각하게 하는 계기를 만들어 준 것은 분명하다.

'링링허우'라는 신세대

'링링허우'가 특별히 주목받는 이유는 그들만의 뚜렷한 특징 때문이다. 80년대 생인 '바링허우(八零後)'나 90년대 생인 '지우링허우(九零後)'의 대부분은 중국의 '1자녀 정책' 시대에 태어나 외아들, 외딸로 자란 아이들이었고, 그래서 그들은 흔히 '소황제(小皇帝)', '소공주(小公主)'라 칭해지기도 했다. 이들 대부분은 중국의 급속한 성장 과정에서 물질적 풍요를 마음껏 누리면서 자랐다. 그러나 이들이 누린 풍요는 '링링허우'와는 차원이 다르다.

'링링허우'들은 2008년 올림픽을 유년 시절에 경험했고 '강대국으로서의 중국'이라는 자부심을 가지고 자랐으며, 어려서부터 해외여행을 경험하면서 견문을 넓혔던 덕분에 사유가 개방적이다. 무엇보다도 그들만큼 모바일에 익숙한 세대는 없다. 2000년대 생인 이들을 지칭하여 '모바일 인터넷 원주민'이라고도 하는 데에서도 알 수 있다.

이뿐만 아니라 이들은 여러 면에서 '바링허우', '지우링허우'들을 월등하게 초월하고 있는 것으로 나타난다. 한 통계에 따르면 예술적인 소양이 '바링허우'나 '지우링허우'를 훨씬 넘어서고 있고, 개별적인 노력과 성취를 높이 평가하며 취미 생활이 다양하고 풍부하다. 또한 윤리·도덕적인 측면에서도 균형적인 발전을 보였고, 국가와 공동체에 대한 공감 능력 또한 높다고 나와 있다. 따라서 연구자들은 이들 세대가 그 어느 세대보다도 개방적이고 자신감이 넘치며 국제화에 적합한 성향을 드러내고 있다고 판단한다.

다큐멘터리 영화 〈링링허우〉가 보여 주는 것은 베이징의 중산층이라는 특정된 대상이지만, 이들이 경험하는 시대가 '바링허우'나 '지우링허우'가 경험했던 시대와 질적으로 다르다는 것은 분명하다. 또한 이들이 균형적인 발전과 올바른 관념을 형성할 수 있었던 것은 그들 부모 세대와도 중요한 관련이 있어 보인다.

이들의 부모 세대의 대다수는 60년대 후반이나 70년대 초반에 태어났다. 특히 중산층에 속하는 이들 대부분은 유산이나 상속보다는 스스로의 노력을 통해 일가를 이룬 사람들이다. 그들은 명석한 두뇌를 가지고 있고, 삶에 대한 정확한 인식을 가지고 있다. 특히 영화 〈링링허우〉에 나오는 부모들의 모습에서 가장 선명하게 드러났던 것은 '잘 산다는 것'에 대한 정의였다. 그들이 바라는 것은 물질적인 풍족함보다는 심리적인 안정과 정신적인 풍요로움이었다.

기본적인 생활이 보장되었을 때 인간은 정신적인 풍요로움을 지향한다. "열심히 돈 벌어서 내 집 마련하는 게 더 이상은 인생의 목표가 아니야!"라는 것은 이러한 맥락에 놓이는 것이다. 중국의 '링링허우'들 중에도 당연히 내 집 마련이 꿈인 사람들이 아직도 많을 것이다. 하지만 이와 같은 선언은 적어도 중국의 풍요로움을 말해 주는 또 다른 징표가 아닐까 생각해 본다.

김현주
2021. 3. 26.

'전면적 소강사회' 건설 이후 중국의 목표는?

문화 강국 되찾으려는 중국

2021년 3월 5일 베이징에서 양회가 열렸다. 양회는 전국인민대표대회와 정치협상회의를 가리키는 말이다. 개막식에서 리커창(李克強) 총리가 정부 업무를 보고했다. 리커창 총리의 2020년 정리보고에 따르면, 지난해 중국의 GDP 성장률은 코로나라는 악재에도 불구하고 2.3%에 달했으며, 그 결과 551만 명의 농촌 빈곤 인구가 전부 빈곤에서 탈출했다.

또한 리커창 총리는 향후 5년 동안 도시 실업률을 더 낮추고, 도시 인구를 65% 정도로 올리며, 기본 양로보험률을 95%까지 끌어올리겠다고 밝혔다. 시진핑 주석은 이에 대해 "전면적 소강이며, 서민들의 생활이 부유해졌다"라고 단언했다. 중국 정부가 목표로 하던 '소강사회'가 드디어 실현되었다는 선언이었다.

중국인에게 '소강사회'가 의미하는 것은?

'소강(小康) 사회'가 공식적으로 제기된 것은 중공 18대 보고에서였다.

3부 · 모두가 함께 잘 사는 중국, 이뤄질까?

141

그것은 덩샤오핑(鄧小平)이 개혁개방 이후 중국 사회의 청사진으로 제시한 것이었다. '소강'은 '대동(大同)'의 상대적인 개념으로, 〈예기〉(禮記)에 나오는 말이다. 〈예기〉의 '대동' 편에는 '대동 사회'가 다음과 같이 묘사되어 있다.

> "대도가 행해지면, 천하가 모두의 것이 된다. 똑똑하고 일 잘하는 사람을 뽑고, 신뢰를 지키며 화목하게 지내므로, 사람들은 자기 부모만 부모로 여기지 않고, 자기 자식만 자식으로 여기지 않는다. 늙으면 쉴 곳이 있고, 젊을 때는 일할 곳이 있으며, 어릴 때는 돌봐 줄 곳이 있고, 과부, 고아, 홀아비이든, 장애가 있든, 모두 보살핌을 받는다. 남자는 역할이 있고, 여자는 소속이 있다. 재화를 땅에 버리지 않아도 되고, 자기 것으로 쌓아 둘 필요도 없다. 힘은 혼자만 쓰지 않아도 되고, 자신만을 위해서 쓰지 않는다. 그러므로 간계와 폐단이 사라지고, 도적과 혼란이 생기지 않으므로, 문을 열어 닫아 놓지 않는데, 이것을 대동이라 한다."

〈예기〉의 '소강' 편에서는 '소강사회'를 다음과 같이 묘사했다.

> "오늘날 대도가 사라지고, 천하가 각 집안의 것이 되었다. 각자 자신의 부모를 부모로 여기고, 자신의 자식을 자식으로 여기며, 재화와 힘은 자신을 위해 쓰고, 지위를 세습하는 것이 예가 되었다.
> 성곽과 그 경계가 확고해지고, 예의를 기강으로 삼아, 그것으로 군신 사이를 바로잡고(正), 부자 사이를 돈독히 하고(篤), 형제 사이를 좋게 하고(睦), 부부 사이를 화목하게 하며(和), 제도를 세우고, 땅을 구분하고, 용감하고 똑똑한 자를 존중하고, 공로를 자신의 것으로 삼는다."

리커창 중국 총리가 2022년 3월 11일(현지 시각) 베이징에서 전국인민대표대회(전인대) 연례회의 폐막 기자회견을 하고 있다. ⓒ신화=연합뉴스

소강은 또한 〈시경〉의 '대아·민로(大雅·民勞)'편에서 "백성이 또한 일을 멈추고, 소강하기를 바란다"라는 문구에서도 찾을 수 있다. 공자나 맹자에게 있어서 소강은 대도가 사라진 시기의 사회상만을 의미하는 것이 아니라, '대동 사회'에 대한 차선책으로 여겨진 것이라고 할 수 있다. 그리고 현대 중국인들에게 '소강사회'는 이상 사회인 '대동 사회'로 가는 길목으로 여겨진다.

1979년 12월 6일 덩샤오핑이 일본 수상 오히라 마사요시를 만났을 때, 중국 사회가 아직 '소강사회'를 이루지 못했다는 덩샤오핑의 말에서 '소강사회'라는 개념이 유행하게 되었다. 덩샤오핑은 중국의 '소강사회' 건설을 위해 4개의 현대화를 이루어야 한다고 밝혔다. GDP가 1,000달러에도 미치지 못하던 중국이지만, 앞으로 인민의 생활수준을 향상시켜 모든 인민이 등 따뜻하고 배부른 '소강사회'를 건설하겠다는 포부이다.

대약진운동, 인민공사, 문화대혁명 등 중국 인민을 고통스럽게 했던 시기를 지나 중국이 개혁개방을 선택하였을 때의 목표는 단 하나, 바로 빈곤에서의 탈출이었다. 그나마 사정이 좀 나았던 베이징에서도 쌀과 밀가루는 귀한 것이었다.

중국의 인민들은 명절에나 공급되는 쌀과 밀가루를 아끼려고 옥수수, 감자 등을 섞어서 끼니를 해결했다. 고기는 1년에 1인당 반 근씩만 제공되었다. 먹어도 배부르지 않고, 입어도 따뜻하지 않았던 시절이었다. 농촌의 사정은 그보다 더 열악했다. 그랬던 중국이 이제는 진정한 '소강사회'가 왔다고 말하는 것이다.

'전면적 소강사회'란?

시진핑 주석이 집권을 한 이후에도 '전면적 소강사회'의 건설은 100년 분투의 목표에서 가장 우선인 과제였다. 중국의 제13차 5개년 계획, 일명 13.5 계획의 우선적 목표가 바로 '전면적 소강사회'의 건설이었고, 정치·경제·사회·문화·생태 문명 등 모든 방면에서 풍요로운 사회의 건설을 목표로 삼았다. 그리고 시진핑 주석은 2021년 신년사에서 "소강사회의 전면적 건설"이라는 역사적 성취를 이루어 냈다고 밝혔다.

'전면적 소강사회'의 건설의 첫 번째는 경제 건설이다. 경제 발전 방식의 근본적 전환을 통해 세계 경제 강국이 된다는 것을 의미한다. 두 번째는 사회 건설로, 사회주의 화해사회를 건설하는 것을 목표로 한다는 것이다. 세 번째는 정치 건설로, 사회주의 민주 국가를 건설한다는 것이다. 네 번째는 문화 건설로, 사회주의 문화 강국을 건설한다는 것이다. 다섯 번째는 생태 문명의 건설로, 녹색 중국의 건설을 의미한다.

이런 목표들이 달성되어야 비로소 '전면적 소강사회'가 실현되었다고 말할 수 있다. 중국의 농촌은 전통적으로 빈곤한 지역이었고, 빈곤 인구의 대부분은 농민들이다. 그러므로 '소강사회' 건설을 위해서는 농촌을 공략해야 했고, 중국 정부는 '향촌 진흥'을 통한 탈빈곤 정책을 실시하였다.

이로 인해 중국 청년들의 귀농·귀촌이 활발하게 이루어졌다. 그들을 '반향청년(返鄕靑年)'이라 부른다. 그중에는 특산물을 판매하는 회사를 창업하여 성공한 이들도 많다. 농촌으로 젊은 피들이 수혈되고, 정부의 향촌 진흥 전략이 맞물리자 2020년 농촌의 평균 수입은 12,588위안(약 220만 원)으로 올라 실제 증가율이 5.6%에 이르렀다.

2012년만 해도 9,899만 명에 이르던 절대 빈곤 인구가 2019년에는 551만 명으로 줄어들었고, 2021년 현재에는 모두 사라졌다. 먹고 입는 문제만이 아니라 의무 교육, 기본 의료, 주거문제 등 기본적인 생활 조건이 모두 향상된 것은 분명하다.

'전면적 소강사회'의 실현, 그다음은?

'전면적 소강사회'가 실현되었으니, 중국의 다음 목표는 무엇일까? '전면적 소강사회'의 실현은 중국 공산당 성립 100주년에 맞춘 중국몽의 실현이었고, 신중국 탄생 100주년에 맞춘 중국몽의 실현은 부강·민주·

문명·화해적 사회주의 현대화 국가의 건설이다. 이제 남은 것은 사회주의 현대화 국가의 건설인 것이다.

중국은 2035년 사회주의 현대화가 기본적으로 실현될 것이라고 예상한다. 구체적인 내용은 다음과 같다. 우선 세계적으로는 경제, 과학 기술, 종합 국력 등이 대폭 증가하여 혁신형 국가의 반열에 들어갈 것이다. 경제적으로는 신형 공업화, 정보화, 도시화, 농업의 현대화 등을 통해 현대적 경제 시스템을 건설할 것이다. 정치적으로는 국가 거버넌스 시스템과 거버넌스 능력의 현대화를 이룰 것이며, 법치 국가, 법치 정부, 법치 사회를 건설할 것이다.

문화적으로는 문화 강국, 교육 강국, 인재 강국, 체육 강국 등 현대 강국으로 거듭날 것이며, 중국 인민의 소양과 문명의 정도를 높여 중국의 '문화 소프트 파워'를 강화할 것이다. 또한 개혁개방은 멈추지 않고 계속해서 추진될 것이며, 고질량·고효율의 지속가능하고 안전한 발전을 추구하는 것이 중국 정부의 목표이다.

물론 빠지지 않는 구호가 있다. "인민 중심과 당의 영도"이다. 사회주의 현대화의 가장 주요한 내용이 그것이기 때문이다. 중국은 그것을 위해 강국이 되어야 하는 것이다. 즉, 중국몽은 결국 강국몽인 것이다.

다음은 '문화 강국'이다

개혁개방 이후 서구 문화의 범람, 시장경제의 수용 등으로 사회주의에 대한 회의와 의구심이 강해졌다. 엎친 데 덮친 격으로 중국 정부나 중국인에 대한 세계인들의 반감이 심해졌다. 이를 극복하기 위해 중국 정부는 '문화 강국'을 건설해야 한다고 생각했다. 문화 사업과 문화 산업을 키워 중국의 '문화 소프트 파워'를 키워야겠다고 생각한 것이다.

중국인들은 스스로 자신들의 문화적 소양이 낮다고 자책해 왔다. 과거 수천 년간 한자 문화권의 문화를 책임지던 시절의 자부심은 온데간데없다. 이와 같은 중국인들의 현실은 개혁개방으로 서구 문화가 전파될 때, 많은 젊은 층이 서구 문화에 빠져들게 만든 원인이 되었다.

이런 문제점들을 극복하기 위해서 공공문화 서비스의 수준을 높일 필요가 있었다. 신문, 출판, 방송, 영화, 문학, 예술, 철학, 사회과학 등 지금까지 외면해 왔던 인문사회 분야에 관심이 필요한 시기가 온 것이다. 이것이 2021년부터 2025년까지 시행되는 제14년차 5개년 계획(일명 14.5 계획)의 주요 내용 중 하나가 되었다.

중국의 전통 문화·문물과 고적의 보호는 물론이고, 그에 대한 연구와 지속적인 이용, 서비스 등에 대한 관심이 필요하다고 느낀 정부는 문화를 발전시키고 강화하겠다고 밝혔다. 물론 2000년대 들어 애국주의 열풍으로 중국에서 전통 문화에 대한 관심이 늘어난 것은 사실이나, 그것을 국가적 수준에서 광범위하게 확대할 필요를 느낀 것이다.

이로써 관련 분야에 대한 중국 정부의 투자가 크게 늘어날 전망이다. 물론 중국 문화와 예술 등에 대한 해외 홍보도 더 활발하게 전개될 것으로 보인다.

나이 조바심? 중국의 '35세 현상'
나이 드는 것이 '공포'인 중국 직장인들

아이들 교육 때문에 학부모들이 마음을 졸이는 '교육 조바심'에 대해서는 익히 알고 있을 것이다. 어떻게 해서든 좋은 학군에 편입하여 좀 더 나은 교육을 받게 하고자 하는 것이 부모의 마음이다.

이런 학부모들의 조바심이 결국에는 학군이 좋은 지역의 부동산 가격에 직접적으로 영향을 미치게 되는데, 얼마 전의 베이징 사태가 이를 극명하게 보여 주었다. 베이징에서 최고 학군을 자랑하는 하이뎬구(海淀區) 상디(上地) 지역에서 2020년 12월 초 815만 위안이던 59.5제곱미터 넓이의 아파트가 2021년 1월 19일 935만 위안에 거래가 성사된 것이다. 50일도 되지 않아 집값의 15%에 달하는 120만 위안이 훌쩍 뛰어올라 사람들의 혀를 내두르게 했다.

이는 학부모들의 '교육 조바심'이 만들어 낸 사태였고, 역으로는 더 많은 학부모들의 조바심에 기름을 붓는 격이 되고 말았다. 그런데 '교육 조바심' 못지않게 중국 사회에서는 '나이 조바심'이라는 또 하나의 현상이 대두하고 있다고 전해진다. 생소한 이 말은 도대체 어떤 현상을 일컫는 것일까?

'35세의 위기'

중국 대부분의 기업들은 채용 공고에 나이를 '만 35세 미만'으로 명시하고 있다. 나이 제한은 신입은 물론 이직자나 재취업자에게도 똑같이 적용된다. 공무원 시험도 응시자의 나이를 만 35세 미만으로 제한하고 있고, 이 기준은 교사나 교수 임용에도 그대로 적용된다.

대졸 신입의 경우 만 35세라는 나이는 전혀 문제가 되지 않는다. 하지만 이직을 하거나 재취업에 나선 사람들에게 있어서는 결코 호락호락하지 않다. 채용의 기타 조건은 모두 충족하지만 나이가 많아서 재취업이나 이직에 실패하는 사람들이 실제로 적지 않다.

박사학위 소지자의 교수 임용 자격도 만 35세 미만으로 한정하고 있다. 석·박사과정을 수료하고 논문을 제출하여 학위를 취득하기까지 적어도 6년의 시간이 필요하다. 중국의 경우는 보통 석사 3년, 박사 3년으로 정해져 있다. 그나마 이공계열의 경우는 졸업이 가능한 연한이지만 인문계열의 경우 석·박사를 6년에 마친다는 것은 결코 쉽지 않다. 졸업을 서두르지 않다가 자칫하면 지원서 한번 넣어 보지 못하고 고학력 백수가 될 판이다.

직장에서 35세는 고령자 취급을 받는다. 이런 현상은 IT업계에서 유독 심각한데, 오죽하면 '35세 정년'이라는 말이 나돌겠는가. 지금처럼 급속하게 발전하는 IT업계에서 10년이면 노인 축에 든다. 10년이 지난 지식은 낡았고 35세 이상은 이제 더 이상 효율적이지도, 도전적이지도 않은 사람들로 분류되기 때문이다.

게다가 체력적으로 현저한 차이를 보이기 시작하는 것이 30세부터라고 한다. 고용주들은 나이 든 세대를 해고하고 젊은 피를 수혈한다. 그런데 이런 인식이 IT업계를 넘어 모든 분야로 번져 나가면서 젊은 층에 대한 선호도가 높아진 것이 '35세 위기'의 시초였다.

상황이 이러하다 보니 어찌 조바심이 생기지 않겠는가? 나이를 먹는다는 것이 누군가에게는 말 그대로 공포에 가까운 스트레스가 되는 것이다. 어떻게 해서든 35세 전에 일가를 이루어야 한다고 생각하는 것이 오늘날 중국의 젊은 직장인이 겪는 현실인 것이다.

또 다른 '35세의 위기'

공무원들의 경우는 어떨까? 예상외로 '철밥통' 공무원에게도 '35세의 위기'는 여전히 존재했다. 다만 그 기준이 조금 다를 뿐이다.

보통의 직장인에게 있어서 35세는 자의든 타의든 어쩔 수 없이 직장을 떠나거나 언제든지 떠나야 할 준비를 해야 하는 나이라면, 공무원에게 있어서 35세는 출세의 마지막 기회다. 여기서 출세라는 것은 고위 공무원 승진을 말하는 것으로, 앞으로 고위급 간부의 길을 갈 수 있을지 없을지를 판가름하는 마지막 기회가 35세인 것이다.

35세 이전에 간부 승진에 성공하면 안정권에 드는 것이고, 그렇지 않은 경우에는 해고될 일은 없지만 언제든지 그만두어야 할 각오를 해야 하는 나이였다.

중국식 표현을 빌리면 공무원들은 '체제 내의 사람(體制內的人)'들로 불린다. 말 그대로 체제의 보장을 받는 사람들이라는 말이다. 그러니 자연히 보통의 샐러리맨보다는 사정이 좋은 편이다.

보통의 샐러리맨에게 '35세의 위기'가 자이든 타의든 당면해야 하는 생존의 위기라면, 공무원에게 '35세의 위기'는 모든 공무원에게 해당하는 상황은 아니라는 것이 중요한 차이다. 굳이 고위직 공무원에 욕심을 내지 않는 사람들에게 35세는 여의치 않으면 스스로 그만둬야 하는 상황을 대비해 제2의 인생을 준비해야 하는 시기이다.

반면 어떻게 해서든 승진을 하고자 애썼던 사람들에게 35세는 분명 위기의 나이임에 틀림없다. 하지만 그럼에도 공무원의 대부분은 어떻게 해서든 정년까지 버티는 것을 목표로 한다.

한 공무원의 발언에 따르면, 체제 내에서 30만 위안이라는 연봉은 체제 밖에서 받는 60만 위안에 맞먹는 수준이라고 한다. 게다가 60만 위안의 연봉을 받는 사람들보다 훨씬 수월하고 더 많은 개인 시간을 가질 수 있는 장점이 있다고 한다. 그만큼 보장이 많다는 말이다. 그러니 부득이한 경우가 아닌 한, 누가 스스로 공무원에서 물러나고자 하겠는가? 하지만 그들 역시 분명하게 공감하고 있는 부분은 35세는 '많은 나이'라는 인식이다.

'35세 현상', 과연 발전적인 현상일까

중국에서 35세는 직장에서 언제 해고되어도 이상하지 않은 나이이고, 공무원들에게 있어서는 승진의 기회가 더 이상 없는 나이이며, 더 많은 사람들에게는 이직도 어려운 나이다. 문제는 이것이 하나의 암묵적인 상식이 되어 직장 내 분위기에 직접적으로 영향을 미치고 있으며, 더 나아가 사회적인 분위기를 조성하는 데에도 일조하고 있다는 사실이다. 이런 현상을 일명 '35세 현상'이라고 하는데, 2019년 12월 20일 인민일보는 "발전적인 시각으로 '35세 현상'을 바라보자!"라는 제목의 칼럼을 게재한다.

칼럼의 요지는 분명하다. '35세 현상'은 나쁜 것만은 아니라는 주장이다. 물론 나이 제한은 분명한 차별이고 부당한 조처이며 공정성에 어긋나는 부분이 있지만, 그럼에도 '35세 현상'은 긍정적인 효과를 이끌어 내고 있다는 시각이다.

그 근거로 칼럼은 '35세 현상'이 현재에 안존하지 않고 도전하게 한다는 것을 꼽고 있다. 그리고 이러한 도전이 직업의 발전을 추동한다고 보았다. 또한 이러한 '35세 현상'을 타개하기 위해서는 평생 학습의 마인드로 끊임없이 배우는 자세를 유지해야 한다는 해결책도 함께 제시했다.

그런데 이것이 과연 긍정적으로만 바라보아야 하는 문제일까? 물론 중국에서 해마다 1,000만 명에 가까운 대학 졸업생들이 취업 시장에 쏟아져 나오고 있다는 점을 감안할 때, '35세 현상'이 아주 이해가 가지 않는 것은 아니다. 하지만 일각에서는 심각한 인재 낭비라는 비판도 나오고 있다. 이를 그대로 방치하는 것은 위험할 수도 있다는 주장이다.

공급과 수요의 불균형에서 공급이 수요를 초과할 때 경쟁은 더욱 치열해지며 생존은 더욱 어려워지는 법이다. 지나친 경쟁 환경은 인간의 삶을 피폐하게 하며 대다수 사람의 삶의 질을 떨어뜨린다. 100세 시대의 건강한 삶을 표방하고 나서는 현 시대에 안정적이고 건강한 사회 발전을 위해서는 이를 뒷받침하기 위한 제도적인 대책이 시급하지 않을까?

중국 '한정판' 운동화, 수백만 원에 거래된 이유는
애국적 소비와 사악한 투기

다시 화제의 중심에 선 신장(新疆)

중국 대륙의 가장 서북쪽에 위치한 신장위구르자치구(新疆維吾爾自治區)는 중국의 5개 소수민족자치구 중 하나다. 면적은 한반도의 약 8배로 중국에서 육지 면적이 가장 넓은 성급 행정구역이자 중국 국토 총면적의 6분의 1을 차지한다. 신장의 상주인구 2,530만 명 가운데 위구르족이 1,000만 명 이상이다. 공업화가 뒤처진 신장의 주요 산업은 농업과 목축업이다.

세계 최대의 면화 소비국이자 세계에서 두 번째로 면화 생산량이 많은 중국에서 신장 면화가 차지하는 비중은 절대적이다. 2020~2021년도 중국의 면화 생산량은 595만 톤이었다. 신장에서 생산된 520만 톤의 면화는 중국 전체 생산량의 87%, 세계 생산량의 23%를 차지한다. 신장 경제의 중요한 축을 담당하고 있는 면화의 생산 과정이 문제가 되어 작금 중국에서는 '애국적 소비' 열풍이 뜨겁다.

신장 면화 수확 과정에 대한 문제 제기

지난해 중국이 신장지구에서 위구르족을 포함한 수십만 명의 소수 민족을 면화 수확에 강제 동원하고 있다는 내용이 보도되며 큰 화제를 모은 바 있다. 아동까지 면화 수확 노동에 동원된 것이 확인되면서, 여러 글로벌 패션 기업이 중국에서 수확하는 면화를 사용하지 않겠다고 발표했다. 중국은 미국 정부와 제네바에 본부를 두고 있는 BCI(Better Cotton Initiative)를 배후로 지목하고 강력히 반발했다.

BCI는 2009년 설립된 비영리 조직이다. '지속가능한 면화 생산'이라는 목표에 따라 면화 재배 시 독한 농약과 살충제의 사용을 최소화하고, 부당한 노동력과 아동 노동을 방지하며 원면 공급사슬의 투명성을 증진하는 것을 취지로 삼고 있다.

H&M의 성명 발표와 중국의 반응

스웨덴의 의류 업체인 H&M은 지난해 9월 성명에서 "신장의 강제 노동과 소수 민족 차별 관련 보도에 깊은 우려를 표한다"면서 신장에서 생산되는 면화 구매 중단을 선언하였다.

H&M이 성명을 낸 지 반년 넘도록 중국 내에서는 이에 대해 아무런 반응이 없었다. 그러다가 2021년 3월 22일 유럽연합(EU)과 미국, 영국, 캐나다 등이 신장의 위구르족 인권 탄압을 이유로 중국 인사들에 대한 제재를 발표하자 중국 소비자들의 분노는 H&M으로 향했다.

이에 3월 24일 H&M이 중국의 인권 탄압에 반대하며 신장 생산 면화 불매를 재차 선언하자 중국에서는 더욱 거센 반발이 일었다. H&M은 성명에서 신장 내 강제 노동과 종교 차별 의혹 등을 거론하면서, 향후 신장 내 어떤 의류 제조공장과도 협력하지 않고 이 지역에서 제품과 원자재도 공급받지 않겠다고 밝혔다.

중국인들은 '강제 노동'이 '날조된 것'이라고 주장하며, 오히려 해당 기업들에 대한 불매에 나섰다. 또한 중국 톱스타들과 모델 계약을 한 패션 기업들은 모델들로부터 일방적인 계약 종료 선언을 당하기도 하였다. 중국 내 주요 대형 온라인 쇼핑몰에서는 H&M 상품 판매가 중단됐다. 아울러 지도 앱에서도 H&M 매장이나 쇼핑몰 위치가 나타나지 않고 있다.

이뿐만 아니라 중국 공산주의 청년단은 SNS 서비스인 웨이보(微博)에 "신장에 대한 허위 사실을 유포하면서 중국에서 돈을 벌고 싶은가"라며 H&M을 비난하기도 했다. 이후 아이돌 그룹 에프엑스 출신인 빅토리아와 그룹 엑소의 레이는 웨이보 공식 계정에 "나는 신장 면화를 지지한다"라는 내용을 담은 캠페인 포스터를 공유하고 해시태그를 붙여 업로드했다.

현재 중국에서 활동 중인 이들뿐 아니라, 한국에서 K팝 그룹으로 활동 중인 에버글로우의 왕이런 역시 같은 내용의 캠페인 포스터를 게재했다. 엑소의 레이는 신장위구르자치구의 강제 노동으로 인해 중국의 면화를 쓰지 않겠다고 주장한 글로벌 브랜드와의 계약을 해지하겠다고 성명을 낸 바 있다.

서방 패션 브랜드에 대한 불매 운동과 애국적 소비

H&M에 대한 집중 포화로 시작된 서방 패션 브랜드에 대한 중국의 불매 운동은 이후 일파만파 번져 나갔다. 나이키, 아디다스, 푸마, 갭, 버버리 등 BCI 핵심 멤버 10여 개 브랜드가 주요 타겟이었다. 인권 탄압과 강제 노동 등이 문제가 된 신장에서 생산된 면과 면사의 사용을 중단하겠다고 밝힌 데 따른 보복이다.

반면 중국의 대표적인 스포츠 브랜드인 리닝(李寧)과 안타(安踏) 등의 기업들은 다투어 신장에서 생산된 원면(原綿)을 계속 사용하겠다고 표명하였다. 여기에 그치지 않고 안타는 최근 BCI 퇴출을 선언하였다. 리닝의 경우 자사는 BCI에 가입하지 않았고, 신장에서 생산된 원자재를 활용하고 있다고 밝혔다.

나이키 운동화를 불태우는 등 강한 기조를 보이던 중국인들의 분노 강도가 이전보다 약해지기는 하였지만, 애국적 불매 운동의 여파는 엉뚱한 곳으로 번져갔다. 나이키와 아디다스 등 국제적 대기업 제품에 대한 불매 운동이 확산되면서 중국인들은 국산 제품 소비에 나섰고, 그 영향으로 한정판 스니커즈의 가격이 천정부지로 뛰는 현상이 발생하였다.

'사악한 투기'

4월 초부터 중국의 인터넷 상거래장에서는 리닝과 안타의 한정판 운동화 가격이 폭등하기 시작하였다. 안타에서 발매한 499위안(元)의 도라

에몽 협업 운동화는 10배 가까운 4,599위안의 가격표가 붙었다. 더 황당한 것은 리닝에서 발매한 한정판 농구화의 판매 가격이 1,499위안에서 4만 8,889위안에 이르러 무려 31배나 폭등했다. 운동화 1켤레 가격이 800만 원이 넘는 것이다.

애국적 소비 열풍에 편승한 가격 상승에 "이전에는 돈 없는 사람이 리닝을 샀는데, 이제는 돈이 없어 리닝을 사지 못한다"라는 황당한 소리가 나올 정도였다. 과거에는 주머니가 가벼운 소비자들만이 가격이 상대적으로 저렴한 리닝 제품을 구입하였는데, 지금은 가격이 너무 올라 리닝 제품을 살 수 없는 상황에 처했다는 의미이다.

한정판 운동화가 '투기의 대상'이 되고 투기를 위해 고가의 운동화를 다량으로 매입하는 사례가 이어지자, 급기야 신화사(新華社)와 인민일보(人民日報) 등 중국의 관영 매체는 이런 현상에 대해 "애국적 소비를 빙자한 사악한 자본 놀음"이라며 연일 비판적 목소리를 내놓기에 이르렀다.

사실상 중국에서도 한정판 스니커즈를 투자 상품으로 간주하고 거래하는 '스니커테크(스니커즈+재테크)'가 오래전부터 유행했다. BBC의 보도에 따르면, 2015년 이후 중국의 중고신발 거래 시장은 매년 35% 이상 성장했다. 2019년 중국의 스니커즈 리세일 시장은 10억 달러에 달했다.

신장 면화 사건 이후 달라진 점이라면, 과거에는 나이키의 에어 조던 시리즈와 아디다스의 이지 시리즈가 가장 인기 있는 제품이었다면 지금은 안타와 리닝 등 중국 국산 브랜드 신발이 인기 투자 상품으로 새롭게 떠올랐다는 것이다.

애국적 소비 열풍에도 여전한 중국 젊은이들의 나이키 사랑

　애국적 소비 열풍에 직격탄을 맞았던 나이키는 그 와중에도 얼마 전에어 조던과 덩크 로우 시리즈 신제품을 출시했다. 제품이 출시되자마자 인터넷상에서는 수십만 명의 중국 소비자가 앞다투어 상품을 구입했다. 전문가들은 나이키의 중국 시장 점유율이 25.6%에 달할 정도로 영향력이 크다며, 대체할 만한 브랜드가 없는 상황에서 앞으로도 그 위상이 흔들리지 않을 것이라고 보고 있다.

　애국적 소비의 열풍이 점차 수그러들고 있는 지금, 나이키 제품을 사기 위해 수많은 중국 젊은이들이 줄을 서고 있다. 신장의 면화를 사용하지 않겠다고 선언한 외국회사 제품에 대한 불매 운동이 처음 시작되었을 때부터 그 효과에 대해 비관적이었던 중국 네티즌들은 이를 당연한 현상으로 받아들이고 있다.

유지원

2021. 4. 16.

중국의 인구, 옛날엔 늘어서 걱정
지금은 줄어서 걱정

인구 정책, 상황에 따라 탄력적으로 움직여야

얼마 전 중국 전인대(全人代)에서 새로운 인구 정책의 필요성이 제기되고 있다는 소식을 듣고, 필자는 30여 년 전 유학 시절의 은사 한 분이 생각났다. 그분은 명청(明淸) 사회경제사를 전공하신 교수님으로, 역사학으로 석사학위를 받으신 후, 미국의 하버드대학에서 경제학박사를 취득하셨다.

역사학을 전공한 후 미국에서 다시 경제학을 전공하는 것이 얼마나 어려운 일인지 알 만한 사람들은 모두 알 것이다. 이 교수님은 하버드대학에서 10년 만에 박사학위를 취득하시고, 미국에서 교수 임용을 요청받으셨음에도 불구하고 모교에서 후학을 가르치고자 모교로 부임하셨다. 필자도 이 교수님으로부터 중국경제사를 배우면서 학문적으로 많이 성장할 수 있었다.

특히 이 교수님은 역사인구학(Historical Demography)에 커다란 업적을 남기신 분으로, 역사인구학에서 통계상의 오차를 보정(補正)하기 위하여 족보(族譜) 활용의 방법을 최초로 창안하신 분이다. 우리나라에도 조선 시대의 족보가 엄청나게 많이 남아 있지만, 중국의 경우에는 우리보다 훨씬 더 많다.

그중 대부분이 명청(明淸) 시대의 것으로 모두 8만여 권(卷)이 있다고 한다. 이렇게 방대한 양의 족보는 대부분 각 가문에서 대략 30년 주기로 계속 편찬했던 관계로, 구성원의 출생과 사망 연도가 분명하게 기록되어 있다. 그래서 이 족보를 활용하여 통계학적 방법으로 각 가문 구성원의 출산율과 사망률을 계산해냄으로써, 당시 일정 지역의 인구 증감을 추적했던 것이다. 각 지방정부에서 작성하여 중앙 정부에 보고한 징세 기록을 기초로 추정한 각 지역 인구통계의 오차를 이러한 방법으로 상당 부분 보정(補正)할 수 있었던 것이다.

전근대 시대 인구 통계는 대부분 정부의 세금 징수 기록을 바탕으로 추정한 것으로, 많은 오차를 보여 준다. 특히 전쟁이나 반란 등의 여러 요인으로 국가 권력의 통제를 벗어난 인구의 숫자가 각 시기마다, 상황에 따라 천차만별이기 때문에 통계를 정확히 산출하는 것은 근본적으로 불가능했다. 20세기에 들어서도 혁명, 전쟁과 내전 그리고 정부의 인구 조사를 증세(增稅) 목적으로 오해한 일반 서민들의 저항 등의 원인으로 제대로 된 인구 통계가 없는 실정이다.

중국에서 정확한 인구 조사가 시작된 것은 중화인민공화국이 성립된 이후인 1953년부터이다. 이후 약 8년~10년 단위로 인구센서스(人口普查)가 실시되었는데, 지난 2020년 11월에 제7차 조사가 시작되어 그 결과 발표를 앞두고 있다.

이번 7차 조사는 조사원만 700만 명 가량 동원되는 역대 최대 규모의 조사임에도 불구하고, 그 정확성을 담보하기에는 여러 어려움이 있을 것으로 예상하고 있다. 총인구조사에 있어서 조사 대상 인구 누락율의 국제적 표준인 2%를 초과하지 않아야 그 정확성을 담보할 수 있을 것이다.

　어떤 유럽의 인구학자는 중국의 미등록인구(黑孩子)를 1억 명 이상으로 추정하기도 하는데, 그 사실 여부를 떠나, 지금까지 중국의 인구 통계가 여러 요인으로 인하여 커다란 오차를 보여 주고 있다는 점은 부인할 수 없을 것이다.

　어쨌든 과거나 현재나 정확한 인구 통계는 국가의 정책을 결정하는 데 매우 중요한 요인으로 작용한다. 과거의 인구 통계를 정확하게 파악하기 위해 여러 가지 역사인구학 방법론이 개발되는 것 역시 정확한 인구 통계를 파악함으로써 그 시대의 사회와 경제 상황뿐만 아니라 정권 혹은 왕조의 흥망성쇠의 흐름을 정확하게 설명하기 위함이다.

　역사의 전개 과정에서는 왕조의 안정이 민간 사회의 안정으로 이어지게 되고, 경제도 발전하여 태평성세가 전개되는데, 이는 바로 인구 증가로 나타나게 된다. 결국 인구의 증가는 다시 사회 전반과 경제에도 영향을 주게 되는데, 이를 일컬어 인구 압력(Population Pressure)이라고 한다.

　결국 인구 압력은 사회 및 경제뿐만 아니라 국가 권력의 지배 구조에까지도 영향을 주게 되어, 정치적 혼란으로 이어지는 경우가 허다하게 발생하곤 했다. 이러한 현상은 중국의 역대 통일왕조에서 공통적으로 나타났던 현상이기도 하다.

　중국에서 최후의 봉건왕조인 청(淸)은 역대 왕조 중 가장 넓은 강역(疆域)과 가장 많은 인구 그리고 가장 강력한 황제 전제지배 체제를 형성했다. 특히 청대(淸代)의 인구 변화는 역사 전개에 심대한 영향을 주었는데, 역사 인구학적으로 추산하면 청초(淸初)인 17세기 후반의 인구는 약 6,500만 명, 아편전쟁 직후 19세기 중반의 인구는 약 4억 5,000만 명 정도로, 불

중국 춘제 앞두고 기차역에 귀성객들이 몰려있다. ⓒAP=연합뉴스

과 약 200년 사이에 6~7배의 인구가 폭발적으로 증가했다.

　물론 이러한 인구 통계가 정확성을 담보한다고 볼 수는 없다. 하지만 대략적인 변화 양상만 보더라도, 당시 사회에 인구 증가가 끼친 영향이 얼마나 심대하였을지는 미루어 짐작할 수 있다. 이러한 인구의 폭발적 증가로 인하여 사회 전반에 끼친 압력이 결국 청조(淸朝)의 쇠퇴로 이어졌고, 결국은 제국주의의 침략에 직면하게 되었다는 것이 일반적인 평가이다.

　그렇지만, 중국계 미국 켄트주립대학(Kent State Univ.) 교수였던 왕예젠(王業鍵, Wang, Yeh-Chien, 1930~2014)은 일찍이 그의 초기 저서 Land Taxation in Imperial China(1750~1911)에서 청조(淸朝)는 외견상 드러난 경제 발전의 수치나 통계는 없지만, 6배 이상으로 증가하는 인구의 압력에도 불구하고 경지 면적(耕地面積)의 증가 없이 봉건왕조 체제를 유지하면서 강옹건(康雍乾) 성세(盛世)를 펼칠 수 있었고, 그 사실 자체가 바로 성장을 이루어낸 것이나 다름없다는 '광범성 성장(廣泛性成長, Extensive Growth)'이라는 이론을 제기하여, 학계의 주목을 받았다.

이렇게 과거 전통 시대의 역사에서는 인구 증가가 사회 저변에 끼치는 부정적 영향에 주목하곤 하면서, 산아 제한 정책 등이 제기되기도 했다. 그렇지만 이제는 이와 반대로 인구 격감을 걱정하고 있는 현실이다. 중국은 2020년 11월에 시작한 제7차 인구 조사 결과가 2021년 4월에 발표될 예정으로, 일부 통계 자료는 이미 각 지방정부에 전달되어 이 통계 자료를 활용하여 각종 정책 입안을 준비하고 있다고 한다.

현재 중국은 최근 미중 관계의 악화로 자력 갱생, 국내 소비 중심의 '쌍순환'을 통한 경제 발전 등의 정책을 추진하고 있는데, 여기에는 내수(內需)를 떠받혀 줄 인구 문제가 매우 중요하게 작용할 것이다. 중국은 인구의 폭발적 증가를 막기 위해 1978년에 '1가구 1자녀 정책'을 시행하다가, 2016년에 이 제도를 폐지함에 따라 현재는 1가구당 2명의 자녀를 출산할 수 있다.

그렇지만 중국의 가족계획법은 여전히 3자녀 이상 출산에 대해서 벌금 부과를 규정하고 있다. 중국의 국가통계국에 따르면 1,600만 명 정도였던 연간 출생아가 2016년 1자녀 정책 폐지 이후 잠시나마 1,786만 명으로 증가하였다가, 2017년 1,723만 명, 2018년 1,523만 명, 2019년 1,465만 명으로 지속적으로 감소하고 있는 실정이다.

이런 저출산 문제와 함께 중국에서는 인구의 고령화가 급격하게 진행되고 있다. 2019년 말에는 만 60세 이상 인구가 2억 5,400만 명으로 전체 인구의 18%를 차지했고, 만 65세 이상은 1억 7,600만 명으로 12.6%를 차지하고 있다. 또한 유엔의 예측에 따르면 2036년에는 65세 이상의 인구 비중이 21%를 넘어서게 되어, 초고령화 사회로 진입하게 된다고 한다.

이와 함께 남녀 성비(性比)의 불균형도 심각하다. 중국에서는 1자녀 정책 시행 이후 남녀 성비가 100 대 120까지 늘었다가, 최근에 이르러 100 대 110 정도가 되었다고는 한다. 그래도 여전히 결혼 적령기의 남성은 수천만 명이나 되어서 경제력이 떨어지는 농촌 남성들의 결혼 문제는 심각한 상황이다.

'인구 대국(大國)' 중국은 그동안 엄청난 인구 덕분에 한동안 '인구홍리(人口紅利, 인구 보너스)'의 혜택을 보아 왔다. 풍부한 노동력과 세계 최대 소비시장이라는 특징은 중국 경제 발전의 원동력으로 작용하였다. 그렇지만 앞에서 살펴본 바와 같이 저출산 현상과 인구 고령화의 진행으로 인하여 중국의 '인구홍리'도 이제 점차 사라질 위기에 놓이게 되었다.

이에 중국 정부의 리커창(李克强) 총리는 지난 3월 제13기 전국인민대표대회(전인대) 4차 연례회의 정부 업무보고에서 "인구 노령화에 적극 대응하고, 적절한 출산력(출산율) 실현을 촉진하며, 은퇴 연령을 점차 늦추는 국가전략의 시행"을 밝힘으로써, 2자녀 허용 정책의 변화를 예고하였다. 이제 중국은 10년 만에 실시한 인구 조사 결과를 바탕으로 새로운 인구 정책이 적극 시행할 것으로 예상된다.

인구 문제를 놓고 봤을 때, 우리의 상황은 중국보다 훨씬 심각하다. 2021년 4월 14일 유엔인구기금(UNFPA)이 발간한 2021년 세계 인구 현황보고서 '내 몸은 나의 것(My Body Is My Own)'에 따르면 한국의 합계 출산율은 지난해와 같은 1.1명으로 조사 대상국 198개국 중 198위에 그쳤다. 이는 우리나라의 저출산, 고령화 문제가 얼마나 심각한지를 보여 준다.

시간이 흐르면 상황도 변한다. 따라서 이에 대응하는 방법도 변할 수밖에 없다. 과거에는 인구 증가로 인한 부정적 영향이 걱정이었다면, 지금은 상황이 완전히 바뀌었다. 인구가 늘어야 경제도 발전할 수 있다. 결혼, 출산, 노령화 모두 걱정이 태산이다. 자녀들의 양육과 교육이 모두 어려운 환경이라 젊은이들은 결혼, 출산을 꺼리고 있다.

이제 우리에게는 인식의 전환이 필요하다. 미래 사회를 전망하면서 인구 증가에 초점을 맞추어 모든 정책을 입안해야 할 것이다. 불과 몇 십 년 전에 시행했던 산아제한 정책이 얼마나 어리석었던 정책이었는가를 되돌아볼 필요가 있다.

전통 사회에서 폭발적으로 증가하는 인구를 먹여 살리는 것을 일종의 경제 발전이라는 '광범성 성장'이론으로 설명할 수 있듯이, 이제 '인구 압력' 문제는 고려할 대상이 아니다. 오직 다가올 미래를 대비하여 안정적 인구 증가를 위한 전반적인 정책을 철저히 준비하고 추진해야 할 때이다. 이제 더 이상 늦추어서는 안 된다.

중국 경제 발전의 견인차
농민공의 감소, 인구 감소의 폐해?
농민공에 대한 인식과 처우 개선 시급

2021년 초, 중국 기업들은 인력난이라는 전대미문의 난관에 봉착했다. 조금 과장해서 말하자면 취업 박람회에 일할 사람을 구하러 온 회사 관계자가 직업을 구하려는 사람보다 많았을 정도라고 한다. 그 이유는 1년 만에 농민공이 500만 명 가량 줄었기 때문이다.

그간 농민공은 많은 수와 값싼 노동력으로 중국의 경제 발전을 이끌어 왔다. 농민공의 급감은 곧바로 노동력의 위기로 이어지기 때문에 많은 이들이 예의주시하고 있기도 하다. 그런데 농민공의 수가 감소한 이유는 무엇일까? 중국의 노령화와 인구 감소 추세가 반영된 것으로 보고 있지만, 과연 그것뿐일까?

농민공과 경제 발전

농민공은 호적상 주소지가 농촌인 '농민(農民)'이지만, 도시에서 일하는 '노동자(工)'를 뜻한다. 중국 경제 발전의 아버지로 일컬어지는 등소평은 개혁개방을 선포하며 여러 정책을 도입하였다. 그 주요한 정책 중에는 선부론(先富論)이 있다. 즉, 능력이 되는 자와 지역이 먼저 부유해진 후에 이들이 다른 지역의 발전을 이끈다는 것이다.

실제로 심천(深圳) 등의 지역은 경제특구로 설정되면서, 경제특구인 지역들이 중심이 되어 해외 자본을 유치하는 등 중국의 경제 발전에 크게 이바지하기도 했다. 하지만 그에 따른 부작용도 적지 않았다. 그것은 바로 빈부격차였다.

중국의 빈부격차는 사람 간의 양극화도 문제지만 지역 간의 격차, 특히 도시와 농촌의 빈부격차가 매우 심각하다. 농민이 1년 내내 열심히 땀흘리며 농사를 지어 얻는 수입이 도시민의 약 1/3에 불과하다 한다. 이것도 그나마 많이 개선된 수치라고 한다. 도시의 높은 수입과 도시의 현대화 과정에서 많은 노동력이 필요해지자, 농민들은 대거 도시로 진출하여 필요한 노동력을 제공해 왔다. 농민공은 바로 이러한 과정에서 탄생했고, 일선에서 중국 경제를 이끌어 왔다.

도시에서 농민공이 일하는 분야는 매우 광범위하다. 식당, 카페 등 삶의 현장 곳곳에서 이들의 흔적을 찾아볼 수 있으며, 새로 지어진 빌딩 중 농민공의 손을 거치지 않은 곳이 없을 정도이다. 과학 기술과 최첨단 산업이 점점 발달할수록 사람의 손이 필요하지 않은 일들이 많아지고 있다. 그렇지만, 광활한 중국에는 아직 현대화가 필요한 지역이 많다. 따라서 앞으로 오랜 기간 농민공의 방대한 노동력이 필요할 것이다. 농민공이 지금처럼 계속 줄어든다면 이후 중국의 행보에는 대대적인 변경이 불가피하다.

농민공 감소의 원인

2020년 중국의 〈농민공 감측 조사 보고〉에 따르면, 중국의 농민공 수는 총 2억 8,000만 명으로 2019년에 비해 517만 명이 줄었다고 한다. 2020년 중국의 사망자 수가 1,000만 명 정도였고 이들 대부분이 노동을 할 수 없는 고령자이었던 것에 비교하면, 농민공 500만 명의 감소는 중국의 노동력 공급에 빨간불이 들어온 것이라고 할 수 있다.

그럼 대체 농민공은 무슨 이유로 이렇게 줄었을까? 중국에서는 공식적으로 농민공이 감소한 주요 원인을 아래의 몇 가지 사항으로 거론하고 있다.

첫째, 60세 이상은 통계에 넣지 않았기 때문이라고 한다. 중국에서 정식으로 계약서를 체결할 수 있는 법적 연령은 60세 이내로, 60세가 넘으면 정년퇴직을 해야 한다. 중국 전역에서 노령화가 가속화하면서 농민공 중에도 정년퇴직한 이들이 적지 않았을 것으로 보고 있다.

둘째, 농촌 진흥 사업이 활발히 전개됨에 따라 본업인 농민으로 돌아간 농민공들이 적지 않다고 한다. 실제로 최근 중국은 발전지상주의에서 벗어나 부의 재분배로 정책을 전환하는 모습을 보이고 있으며, 그 결과 그간 소외받던 농촌에 활기가 일고 있다. 고향에서도 높은 임금을 받고 일할 수 있는 기회가 생기자, 굳이 도시에서 일할 필요가 없다고 생각해 다시 고향으로 돌아간 이들도 적지 않을 것이다.

셋째, 한곳에 정착하며 오랜 기간 일하는 농민공보다 유동적이고 임시로 일하는 사람이 늘었다는 분석이다. 돈을 덜 벌더라도 언제든지 그만둘 수 있고, 바로 보수를 받을 수 있는 직종을 선호하는 농민공이 많아진 것이다. 이들은 정식 계약서를 작성하지 않았기 때문에 통계에서 빠졌다.

넷째, 창업 인구의 증가이다. 현재 중국 정부에서는 창업을 적극 장려하며 여러 우대 정책을 펼치고 있다. 이 결과 어느 정도 자본을 모은 농민공이 창업의 길로 접어들면, 더이상 농민공의 신분이 아닌 것이다.

농민공에 대한 인식과 처우 개선 시급

위와 같은 공식적인 이유로 농민공이 급감한 것 외에도 중요하게 짚어볼 문제가 있다. 농민공에 대한 도시민의 처우와 인식이 매우 좋지 않다는 것이다. 도시에서 일하는 농민공들은 도시의 높은 물가에 적응할 수 없어 도시의 변두리에 터를 잡고 생활하는 경우가 대부분이다.

농민공 대부분은 고향에 있는 가족에게 가져다 줄 돈을 벌기 위해 격무에 시달리면서도 최대한 돈을 아낀다. 도시민은 이런 농민공들을 불결하고 교양이 낮은 하층민으로 여기며, 그들과 그들이 사는 곳을 매우 기피한다. 하루 종일 노동에 시달린 농민공들이 하루를 편히 쉴 수 있는 공간이 도시민에게는 슬럼가로 인식되는 것이다.

또한 농민공의 도시 생활 역시 심각한 문제이다. 중국 대도시는 인구의 과도한 유입을 막기 위해 엄격한 호적 제도를 실시하고 있다. 외부인이 대도시에 와서 살 수는 있다. 하지만 이들은 자신의 호적지가 아닌 다른 도시에서 공공 서비스를 받기가 어렵다.

예를 들어 농민공이 몸이 아파 병원에 갔을 경우를 보자. 일반 도시민들은 의료보험 서비스를 통해 저렴한 가격에 병원을 이용할 수 있지만, 농

눈물로 체불임금 지급을 호소하는 중국의 농민공 ⓒ연합뉴스

민공들은 의료보험이 적용되지 않아 높은 의료비를 지불하거나 복잡한
수속을 거쳐야만 병원을 이용할 수 있다.

　이밖에도 가족 전부가 함께 도시에 와서 일하는 농민공의 경우에는
자녀의 학업도 문제이다. 농민공인 부모는 '차독비(借讀費)'라는 막대한 비
용을 학교에 지불해야 하고, 농민공의 자녀는 부모가 도시에 몇 년을 거주
했어야 하는 등 복잡한 여러 조건을 갖추어야만 도시의 학교에 입학할 수
있다. 이러한 상황에서 웬만큼 성공한 농민공이 아니고서야 도시의 학교
에 자녀를 입학시키기는 어려울 것이다.

　고용주가 농민공에게 임금을 제때 지급하지 않는 것도 문제이다. 뉴
스에서 체불된 임금을 받기 위해 위험한 장소에서 시위하는 농민공을 심
심치 않게 볼 수 있다. 사회적 약자인 농민공을 기만해 임금을 체불하는

악덕 업주들이 지금도 적지 않다.

앞서 농민공 감소의 세 번째 원인, 즉 정식 계약서를 작성하지 않는 농민공이 많아진 것도 이 때문이다. 장기간 노동력을 제공했다가 임금을 못 받을 위험 때문에, 단기지만 보수가 적더라도 제때 임금을 받을 수 있는 일을 선호한다는 것이다.

농민공에 대한 도시민의 이러한 편견과 차별 때문에 젊은 농촌 인력들은 부모 세대와 달리 도시로 유입해 농민공이 되려고 하지 않는다고 한다. '농민공'은 이미 불결·비위생·무식 등 온갖 부정적인 이미지로 뒤덮여 있으며, 도시민의 질시를 받고 있다.

노동을 최고의 가치로 삼았던 사회주의 국가 중국이 경제 개발에 성공한 후에 오히려 경제 개발의 주역인 농민공을 이처럼 대우한다는 것이 참 아이러니하다. 전국적인 인구 감소 추세 속에서도 농민공에 대한 불평등한 처우가 지속된다면, 농민공의 수는 갈수록 줄어들 것이 자명하다.

이는 결국 머지않아 중국의 노동력 감소와 그로 인한 경제 개발의 둔화로 이어질 것이다. 중국의 경제 발전이라는 화려한 이면에 땀과 먼지로 더럽혀진 농민공이 있으며, 이들에게 정당한 대우를 해줘야 한다는 사실을 결코 잊지 말아야 할 것이다.

중국도 치솟는 집값 '골머리'… 과연 잡을 수 있을까

20년째 방책 논의만… 결단이 필요한 때

집은 사람이 살아가는 데 반드시 필요한 것으로, 주택가격의 상승은 어느 나라든 국민 대다수에게 매우 민감한 사안일 것이다. 더욱이 요즘 같은 불경기엔 더욱 그러할 것이다. 그런데 최근 우리나라의 주택가격 상승세가 심상치 않다. 정부는 주택가격 안정을 위해 금융, 조세 등 모든 방법을 동원하고 있지만 쉽지 않아 보인다.

중국 역시 주택가격 안정화를 위해 '주택 구매 제한', '주택가격 제한' 등 다양한 규제 정책을 펼치고 있으나, 오히려 대도시를 중심으로 주택 구매 과열 양상이 나타나고 있다.

중국 국가통계국의 자료를 보면, 2020년 전국 분양주택의 평균가격은 약 1만 위안이지만 대도시인 선전(深圳)은 7만 위안, 베이징(北京)과 상하이(上海)는 6만 위안, 광저우(广州), 항저우(杭州), 샤먼(厦门)은 3만 위안을 초과하며 모두 사상 최고치를 기록했다.

특히 최근 선전의 주택가격이 빠른 상승세를 보이는데, 그 영향이 광저우까지 전해져 광저우 역시 상승세이다. 이에 광저우시 정부는 "구매 후 3년 이상 되어야 양도 가능, 자기 자본을 증명할 수 없을 시 은행 대출

중국 선전 웨이란하이안 지구 전경 ⓒCharlie fong

불가"라는 사상 초유의 규제 정책을 발표하여 시행하고 있지만 큰 효과를 거두지는 못하고 있다.

한중, 부동산 투기 대처

한국과 중국 모두 주택가격 상승의 주요 요인으로는 부동산 투기를 들 수 있다. 우리나라 정부는 부동산 투기를 잡기 위해 금융이나 조세 정책, 조세 정책 중에서도 거래 시 과세되는 양도소득세나 보유 시 과세되는 종합부동산세를 주로 활용한다. 반면 중국 정부는 주택 구매 자체를 제한하거나, 주택가격 인상을 제한하는 행정 조치와 금융 정책을 주로 활용한다.

중국이 우리나라와 달리 조세 정책을 주로 활용하지 않는 이유는 부동산과 관련된 세금이 부동산 거래에 집중되어 있기 때문이다. 즉, 중국에서는 주택을 단순히 보유(임대할 시 우리나라의 재산세에 해당하는 방산세(房产税) 및 개인소득세를 납부)만 하고 있을 시에는 세금이 과세되지 않는다.

이러한 조세 체계하에서 중국은 우리나라의 양도소득세로 볼 수 있는 영업세(营业税)를 통해 부동산 투기를 막아보려 했지만 모두 실패로 끝난 바 있다. 이러한 연유로 조세 정책보다 행정 조치와 금융 정책을 주로 활용하고 있다.

그러나 부동산 보유 시 과세하는 세금(이하, 보유세)에 대한 부재는 여러 가지 문제점을 야기하고 있다. 첫째, 소득 불균형을 초래한다. 보유 시 과세하는 세금이 없다 보니 중국 내에는 다주택자가 매우 많다.

최근 데이터에 따르면 주택을 3채 이상 보유한 가정이 10% 이상이며, 2채 이상을 보유한 가정이 약 30% 정도 된다고 한다. 물론 그 이상을 보유한 가정도 많다. 중국 내 다주택자는 보유에 대한 부담이 없어 주택가격이 오르기만을 기다렸다가 가격이 오르면 막대한 이득을 취할 수 있다.

이러한 재산 소득의 증가가 임금 소득을 크게 초과하면서 중국은 급격한 경제 성장을 이루었지만, 오히려 중국 내 빈부격차는 더욱 가중되고 있다. 이러한 소득 불균형은 중국 사회 내에서 상대적 박탈감으로 이어져 마침내 사회 불안까지 야기하고 있다.

둘째, 막대한 자원 낭비이다. 보유세가 없다 보니 시세 차익을 목적으로 보유만 하는 사람들이 늘어나 공실률이 매우 높다. 시난재경대학(西南财经大学)의 조사에 따르면, 현재 중국 부동산의 공실률은 22%로 선진국의 5%와 비교하면 매우 높은 편이다. 주택 수요가 많은 대도시의 공실률은 무려 15%에 달한다.

논의만 20년째

중국 역시 일찍이 문제점을 인식하고 이를 해결하기 위해 보유세의 순기능인 '지방정부 재정 조달, 소득 재분배 기능, 주택가격 안정화'를 들어 보유세를 과세해야 한다는 주장을 제기하였고, 2000년대 초반부터 이에 대한 논의를 시작했다. 그러나 논의만 20년째 제자리로, 아직 구체적인 내용이 없는 실정이다.

물론 2011년 상하이와 충칭(重庆)에서는 개인이 보유한 주택에 대한 방산세를 과세하기 시작하였고, 2012년 양회에서 '부동산세제'가 거론되며 보유세에 대한 논의가 급물살을 탔다. 더욱이 매년 양회에서 '부동산세제'가 중요한 의제로 채택이 되었고, 부동산세제 입법도 추진이 되었다.

2018년도 양회에서는 "주택은 거주하는 것이지 투기하는 것이 아니다(房子是用来住的, 不是用来炒的)"라는 표어가 나와 곧 법안이 발표될 것으로 생각되었다. 하지만 2020년 양회부터 표어만 있을 뿐 부동산세제에 대한 언급이 사라졌다.

이제 필요한 건 결단

일각에서는 이미 "'부동산세제 입법'과 관련하여 어느 정도 작업이 진행되어 더이상 거론할 필요가 없기 때문"이라고 평가하기도 한다. 하지만 아직 보유세를 실시할 준비가 되어 있지 않아 보인다.

2021년 5월 11일에는 재정부, 전국인민대표대회 상무위원회 예산실

무위원회, 주택도시농촌개발부, 국세청 주재로 '방산세 시범 운영'이라는 심포지엄이 개최되었다. 주요 내용은 부동산세제가 입법되기까지 오랜 시간이 필요하므로, 입법 전에 "부동산 가격이 오르고, 과세표준 산출 체계를 준비하고 있는 선전, 국제무역항인 하이난(海南), 중국의 수도인 베이징(北京)"을 시범 지역으로 선정하여 시범 운영할 필요가 있다는 것이다.

그러나 엄밀히 따져 보면, 이미 10년 전에 충칭과 상하이에서는 시범적으로 개인이 보유한 주택에 방산세를 과세하기 시작했다. 하지만 이는 보여주기식 성과에 불과했다. 상하이는 새로 구매한 주택만을, 충칭은 고급 주택만을 과세 대상으로 삼았고 세율이 낮았으며 과세표준을 산정할 수 있는 체계도 갖춰지지 않아 보유세가 가진 기능을 충분히 발휘하지 못했다.

새로운 시범 지역을 선정하든, 충칭과 상하이의 내용을 수정·보완하든 중국이 안고 있는 문제를 해소하기 위해서 보유세는 반드시 필요한 세금이다. 단, 세금은 과유불급이다. 지나치든, 부족하든 국민의 이익에 손해를 가할 수 있으므로 분명 과학적으로 설계되어야 한다. 하지만 20여 년이나 논의했으니, 이제 이익의 경중을 따져 결단이 필요한 시점이기도 하다.

신금미
2021. 9. 13.

'모두가 잘 사는 유토피아'를 꿈꾸는 중국, 가능할까?

도시 호구, 조세 개혁 등 제도 개선 필요해

최근 중국의 시진핑 주석이 "모두가 함께 잘 살아 보자"라는 '공동부유(共同富裕)'를 제창했다. 참으로 좋은 구호이다. 하지만 이를 실현하기 위해 기업뿐만 아니라 교육, 엔터테인먼트 산업 등에 규제의 칼날을 휘두르는 중국 정부의 모습을 보니 무엇을 위한, 누구를 위한 '공동부유'인가라는 생각이 들기도 한다.

덩샤오핑이 강조한 사회주의의 본질, '공동부유'

시진핑 주석이 제창하여 세간의 관심을 받는 '공동부유'는 새로운 용어가 아니다. 1950년 마오쩌둥이 처음 언급하였고, 1980년 덩샤오핑이 강조한 바 있다. 중국의 개혁개방을 이끈 덩샤오핑은 중국의 경제 발전을 위해 "사회주의에도 시장이 있고 자본주의에도 계획이 있다"라며 사회주의 국가인 중국이 시장경제를 받아들이도록 설득했다.

하지만 자본주의 시장경제를 100% 받아들인 것이 아니라, 시장경제의 장점만을 취하여 중국식 시장경제를 만들었다. 중국은 이를 '중국 특색 사회주의 시장경제'라고 부른다. 앞서 언급한 '공동부유'를 실현하기 위해 경제 주체인 기업에 규제의 칼날을 휘두르는 중국 정부의 모습을 통해 '중국 특색 사회주의 시장경제'를 엿볼 수 있다.

덩샤오핑은 광활한 중국이 빠른 시일 내에 경제 성장을 이루도록 선부론(先富论)을 내세웠다. 선부론은 "일부 지역, 일부 사람들이 먼저 부자가 되게 하라"는 불균형 성장론이다.

하지만 덩샤오핑은 경제 성장을 위한 선부론만 제시한 것이 아니다. 그는 사회주의와 자본주의의 차이가 '공동부유'라고 말하며, 이를 바로 사회주의의 본질로 본다. 사회주의의 목적은 양극화가 아닌, 나라의 온 국민을 부유하게 하는 것이므로 경제 성장의 목표 역시 모두 함께 잘 살자는 '공동부유'라는 것이다.

즉, 일부 지역과 일부 사람들이 먼저 부자가 된 다음에 특정 시기가 되면 부자가 빈자를 도와 '공동부유'를 실현하도록 하였다.

대동사회(大同社会) 건설, '공동부유'

'공동부유'는 중국이 건설해야 하는 대동사회를 위해 향후 오랫동안 중요한 정책적 기조가 될 것이다. 시진핑 주석은 집권 초기 중국몽(中国梦)을 국정 아젠다로 내세우며 덩샤오핑이 설계한 당의 '제2의 100년 목표'를 달성하기 위해 노력했다.

그리고 지난 7월 공산당 창당 100주년 기념행사에서 시진핑 주석은

"절대 빈곤을 해결하고 의식주 걱정이 없는 소강사회(小康社会)를 실현했다"고 공표했다.

'제1의 100년 목표'를 달성한 중국은 이제 '제2의 100년 목표'인 대동사회 건설을 위해 부자가 빈자를 돕는 정책을 실시할 때다. 대동 사회는 모두가 잘 사는 선진국으로 신중국 성립 후 100년이 되는 2049년까지 건설해야 한다.

하지만 대동사회는 소강사회와 다르다. 소강사회는 절대 빈곤을 해결하는 것이기 때문에 먹고 살기만 하면 되었다. 하지만 대동사회는 모두가 잘 사는 나라이므로 단순히 먹고 사는 것의 문제가 아니라, 어떤 삶을 살고 있는지와 같은 국민의 체감이 매우 중요하다.

따라서 대동사회를 실현하기 위해 중국 정부는 국민들이 가장 불평등하다고 느끼는, 중국 내 가장 심각한 사회 문제인 빈부격차의 문제를 반드시 해결해야 할 것이다.

'공동부유', 어떻게 실현할 것인가?

중국은 소득 분배 체제 개혁을 통해 빈부격차를 해소하여 '공동부유'를 실현하고자 한다. 구체적으로 양질의 일자리 창출과 임금급여 비율 확대를 통한 1차 분배, 세금과 사회 보장 제도를 통한 2차 분배, 부유층과 기업의 자발적 기부를 통한 3차 분배를 통해 실현하고자 한다.

현재 중국 정부가 꺼내 든 규제의 칼날 앞에서 많은 기업들은 정부에 대규모 기부를 하고 있다. 물론 부자가 빈자를 돕기 위한 기부일 것이나,

중국 공산당 창당 100주년 기념일인 7월 1일(현지 시각) 수도 베이징의 톈안먼 광장에서 시진핑(習近平) 국가 주석 겸 공산당 중앙위원회 총서기가 경축 연설을 하고 있다. 시 주석은 이 자리에서 중화 민족이 당하는 시대 는 끝났다고 대내·외에 선언했다. ⓒ신화=연합뉴스

결코 자발적인 기부로 보이지는 않는다.

　　기부는 빈부격차를 해소하는 데 어느 정도 기여를 하겠지만, 이는 극히 제한적으로 1차 분배와 2차 분배의 역할을 보조하는 정도이다. 따라서 중국이 성공적으로 '공동부유'를 실현하기 위해서는 1차 분배와 2차 분배의 역할이 매우 중요하다.

　　하지만 현재 중국 상황에 비추어 보면, 1차 분배와 2차 분배가 제 역할을 수행하지 못하고 있다. 아마도 지금 당장의 '공동부유'를 위해 중국 정부는 3차 분배에 집중하고 있는지도 모르겠다.

　　진정한 의미의 '공동부유' 실현을 위해서는 제도적 개선이 시급하다

중국은 도시·농촌 간, 계층 간, 지역 간 빈부격차가 매우 심각하다. 단순히 정치적 목적이 아닌 진정 사회주의 국가 중국을 위한, 국민을 위한 '공동부유'를 실현하고자 한다면, 제도적 개선이 무엇보다 시급하다.

먼저 중국 내 빈부격차의 주된 요인으로 지목되고 있는, 농촌과 도시로 이원화된 호구 제도를 폐지해야 한다. 중국의 호구 제도는 현대판 신분 제도라고 해도 과언이 아닐 정도로 도시 호구가 가지는 특권이 많다. 인구가 많다는 이유만으로 호구 제도를 유지하고 있지만, 도시·농촌 간 빈부격차를 해소하기 위해서는 폐지하거나 도시 호구에 대한 특권을 없앨 필요가 있다.

다음으로 조세가 제 기능을 발휘하도록 조세 체계를 개선해야 한다. 중국은 소득세로 대표되는 직접세 비중이 낮고, 부가가치세와 소비세로 대표되는 간접세 비중이 높은 전형적인 개발도상국의 조세 체계를 가지고 있다. 선진국으로 나아가고자 하는 목표를 갖고 있는 만큼 직접세의 비중을 높여야 한다.

2019년에는 직접세의 비중을 높이기 위해 종합소득세를 도입하여 고소득자의 세부담을 강화하긴 했지만, 직접세와 간접세의 비중이 3:7인만큼 직접세의 비중을 높이고 간접세의 비중을 낮추도록 해야 한다.

특히 계층 간 빈부격차의 주 요인으로 지목되고 있는 부동산 다주택자에 대한 보유세를 속히 실시하여 직접세의 비중을 높여야 한다. 중국 내에서 부동산 보유세의 필요성을 논의한 지도 벌써 십수 년째다. 이제 결단이 필요한 때이다.

그리고 역진성(소득이 낮은 사람이 더 높은 세부담을 지는 것)을 가진 증치세(부가가치세)의 비율이 비교적 높은 편으로 이에 대한 조정 역시 필요하다고 본다.

빈부격차는 중국만의 문제가 아니다. 우리나라도 심각한 만큼 진정 국민을 위한 제도 개선을 통해 모두가 함께 잘 살 수 있는 중국, 그리고 대한민국이 오길 기대해 본다.

김현주
2021. 12. 27.

'부유하지 않은데 늙어버린' 중국, 중국만의 문제일까?

중국 인구 고령화, 해결책은

2019년 기준 세계에서 가장 인구가 많은 나라는 중국이다. 중국의 통계청에 따르면, 중국의 전체 인구는 14억 3,400만 명이다. 이것은 세계 인구의 18.6%이다.

그런데 중국 전체 인구의 11.97%(2020년 기준)가 65세 이상의 노인들이다. 이는 11.47%였던 2019년에 비해 늘어난 수치이며, 계속해서 증가할 전망이다. 65세 이상 노인 인구의 비율이 7% 이상이면 고령화 사회, 14% 이상이면 고령 사회, 20% 이상이면 초고령 사회라고 하는데, 이에 따르면 중국은 고령화 사회다.

사회가 발전하면서 평균 수명이 증가하고, 노인이 많아지는 것은 조금도 이상한 일이 아니다. 그러나 문제는 하락하는 출산율과 더불어 21세기 들어 더욱 빠르게 진행되는 중국의 고령화이다.

중국의 노인 정책

중국 사회의 고령화가 진행됨에 따라, 중국 정부도 발 빠르게 전국 노인업무위원회를 설립해 고령화 사회에 상응하는 정부의 업무와 정책을 마련했다. 그 일환으로 '중국 노인 권익 보장법'(1996년 8월 29일 발표, 2013년 7월 발효)을 발표했고, '중국 노인사업발전 15계획 강요'(2006년)를 제정하여, 노인 사업을 국가 발전 전략에 포함했다.

이뿐만 아니라, 양로보험 제도와 의료보험 제도를 만들고, 노인들의 최저생계 방안을 마련했다. 노인들이 거주하고 다니기 편하도록 '노인건축 설계 규범', '도시 도로와 건축물 장애설계 규범' 등의 법규도 제정했다.

2020년 10월 중공 19차 5중 전회에서는 '국민경제와 사회발전 제14차 5개년 계획과 2035년 장기적 목표에 대한 중공중앙의 건의'(이하 '건의')가 통과됐고, 건의에서 "인구 고령화에 대한 적극적 대응을 위한 국가 전략"을 제시했다. 이것은 고령화가 중국에게 전략적으로 중요한 의미를 가지며, 향후 중국의 경제 및 사회 발전에 중대한 영향을 미칠 수 있다는 자각에서 비롯된 것이다.

중국의 노인 정책은 노인 교육, 의료, 양로 산업 등의 영역을 중심으로 이루어지고 있다. 물론 이 또한 반드시 고령화 사회를 맞기 위해 필요한 준비이지만, 고령화로 인해 발생하는 문제들에 대한 근본적인 해결은 아니다.

중국의 고령화, 왜 해결이 어려울까?

중국 정부는 고령화에 대한 대책으로 우선 출산율을 높여야 한다고 본다. 청년 노동인구는 경제의 버팀목이다. 일자리를 찾기 위해 사람들은 발달한 중국의 도시로 점점 더 몰려들기 때문에, 도시의 전경을 보면 인구가 증가한 것처럼 보이기도 한다.

그러나 전체적으로 보면 그렇지 않다. 전국의 149개 도시의 인구는 오히려 감소했다. 동북 지방, 중부 지방, 서부 지방의 도시에서는 감소 현상이 두드러진다. 2020년 8월 10일 펑바이(彭拜) 인터넷 신문에 따르면, 동북 지방의 선양(沈陽), 따렌(大連), 창춘(長春)을 제외한 나머지 도시는 전부 인구가 줄었다.

인구를 늘리기 위해 중국 정부는 과거에 고집하던 '한 자녀 정책'을 포기한 지 오래다. 2016년부터 '두 자녀 정책'을 실시하고 있지만, 2017년 까지는 조금 증가하는 듯 하더니 곧 이전보다 빠른 속도로 출산율이 떨어지고 있다.

이는 결혼을 하는 연령이 점점 높아지고, 결혼하는 사람도 점점 줄어들고 있기 때문이다. 다른 한편으로는 결혼을 해도 주거비, 교육비, 의료비 등 아이를 키우기 위해 들어가는 비용이 부담이 되어 아이를 낳을 엄두를 내지 못하기 때문이기도 하다. 다시 말하면, 근본적인 문제를 해결하지 않으면 고령화 문제는 해결되기 어렵다는 것을 보여 준다.

중국의 고령화, 왜 해결해야 하는가?

고령화 문제는 중국만의 문제가 아니다. 세계은행의 보고에 따르면, 세계 65세 이상 인구는 9억(2019년 기준)이 넘는다. 그리고 그 수는 가파르게 증가하고 있다. 유럽의 경우 2030년이면 유권자의 과반수가 50세 이상이 될 전망이다. 이것은 미래 세계 정치에 영향을 미칠 것이 분명하다.

정치 및 경제적 고려를 통해, 중국은 고령화에 따른 생산노동 인구 감소에 대비하여 은퇴를 연장하는 방안을 점진적으로 추진하기로 했다. 중국의 퇴직 연령은 국유 기업일 경우 남자는 60세, 여자는 50세(간부는 55세)이다. 그 밖의 기업은 각각 55세와 45세이다. 한국에 비해 퇴직 연령이 빠른 편이다.

중공 18차 3중, 5중 전회에서는 퇴직 연령을 늦추는 정책을 중요한 임무로 삼았다. 다만 중국 정부는 인민들의 반발을 우려하여 신중하게 추진할 것이라고 밝힌 바 있다. 그래도 늦출 수밖에 없는 것이 현실이다.

중국 인사과학연구원의 보고에 따르면, 현재 중국의 평균 퇴직 연령은 53세다. 한국의 경우 65세부터지만, 중국의 경우 53세 이후 줄곧 국가가 생계를 책임져야 한다는 말이 된다. 양로 비용이 막대할 수밖에 없다.

이런 와중에도 중국의 생산노동 인구는 줄어들고 있다. 따라서 지금은 5명의 청년이 1명의 노인을 돌보는 격이지만, 2035년에는 5명의 청년이 2명의 노인을 돌봐야 하는 상황이 되고, 그 부담은 점차 늘어갈 수밖에 없다.

인력자원과 사회보장부 사회보장연구소의 허핑 소장은 2045년까지 남녀 모두 퇴직 연령을 65세로 늦추어야 한다고 주장한다. 노인들이 퇴직

중국의 한 시립사회복지관에서 열린 단체 행사에 참석한 노인들 ©EPA=연합뉴스

을 하지 않으면 젊은이들이 일자리를 얻을 기회를 잃는다는 반론도 있지만, 일단 노동 인구가 부족하고 퇴직 후 연금을 지급할 여력이 없기 때문이다.

실제 1980년대에 출생한 이들을 일컫는 빠링허우, 1990년대 생인 지우링허우, 2000년대생인 링링허우가 각각 2.19억 명, 1.88억 명, 1.47억 명(2019년 기준)인 점을 감안하면, 노동 인구의 감소를 눈으로 확인할 수 있다.

노동 인구의 절벽만이 문제가 아니다. 고령화는 산업 구조에도 영향을 미칠 것으로 보인다. 퇴직 연령을 늦춤으로 인해 노동 인구 또한 고령화될 것이기 때문이다.

하버드대의 데이비드 블룸 교수는 고령화가 21세기 전세계 인구 발전의 추세이며, 인류 역사상 노인의 수가 이렇게 많았던 적은 없었다고 강조했다. 유엔 통계에 따르면, 2050년이면 노인 인구가 청장년 인구를 뛰어넘는다고 한다. 이것이 결국 노동 인구 감소를 초래하고, 그 결과 경제 성장이 늦어질 것이라고 예견했다.

중국의 전문가들은 고령화가 중국 정치·경제·사회에 중대하고 근본적인 영향을 미칠 것이라고 보지는 않는다. 하지만 경제 성장이나 국가의 부담에 미치는 영향이 상당할 것이라는 점에는 동의한다.

중국 인민대학 경제학과 천옌빈 교수는 고령화로 인해 임금 상승, 경쟁력 저하 등 특히 제조업에 불리한 환경이 조성될 것이라고 보았다. 그것은 곧 상품 가격의 상승, 물가 상승으로 이어질 수 있다.

시장도 과반수 이상을 차지하게 될 노인을 타겟으로 흐름이 전환될 것이다. 중국에서는 이미 노인을 타겟으로 하는 실버 산업이 매년 가속 성장하고 있다. 중국 국가통계국에 따르면, 2018년 노인 상품 및 서비스 규모는 3.7만 억 위안(약 5,700억 달러)이며, 2021년에는 5.7만 억 위안으로 성장할 것으로 전망된다.

"부유하지 않은 채로 늙어버린" 중국, 중국만의 문제일까?

중국은 개혁개방 이후 도시 대 농촌, 동부 대 서부, 부자 대 가난한 자 등등 다양한 모순과 갈등이 갈수록 첨예화되고 있다. 더욱이 고령화 사회에 진입하면서, 세대 간의 갈등 문제도 간과할 수 없는 문제가 되고 있다.

한국의 경우처럼, 중국에서도 노인과 청년의 갈등이 이슈가 되기도 한다. 이것은 단순한 충돌이 아니라 사회적·경제적·정치적 갈등의 표상일 수 있다는 점을 알아야 한다. 중국이 아직은 "부유해지지도 못했는데 늙어버린(未富先老)"상황에서 국가와 사회의 의식이 결핍된 상태라면, 고령화가 초래할 문제는 상당히 심각할 수 있다.

그러므로 고령화 사회에 대처하기 위해서는 노인에 대한 서비스와 정책을 마련하는 한편, 그것을 뒷받침할 젊은이들의 일과 삶 등 전반적인 환경 개선이 함께 마련되어야 한다. 그리고 이것은 중국만의 문제가 아니라, 먼저 늙어가고 있는 일본, 그 뒤를 따르는 한국을 포함한 글로벌 사회 전체의 문제라는 점에서 함께 논의하고 대응할 필요가 있다.

4부

문화 강국의 꿈,
어디로 가는가?

'선의'의 중국이 외국의 '적의'를 마주칠 때?

'중국이 세계로 깊이 들어갈 때' 마주하게 되는 사상적 곤경

이용범
2021. 1. 8.

> "몇 년 전 누군가 나에게 중국이 패도(覇道)국가가 될 가능성이 있다고 말했다면 나는 분명 주저 없이 쓸데없는 걱정이라고 일축했을 것이다. (…) 그러나 지금 누군가 같은 말을 다시 한다면 나는 더이상 그때처럼 주저 없이 그 말을 부정하지 못할 뿐 아니라 마음 한구석이 무거워질 듯하다. 단 몇 년 사이에 같은 문제에 대한 나의 반응이 이처럼 달라진 것은 이제 나도 슬슬 걱정스러워졌기 때문이다."
>
> 허자오톈(賀照田), 〈현대 중국의 사상적 곤경〉(창비, 2018)

오늘날 중국을 대표하는 지식인 중 한 사람인 허자오톈(賀照田)은 최근 인터넷에 분노한 젊은이들의 패권주의적 언설이 넘쳐나는 세태와 관방, 민간을 막론하고 강화되는 국가주의적 경향을 우려의 시선으로 바라본다. 그의 시선은 국가로서의 중국, 그리고 개인으로서 중국인이 외국과 교류하는 과정에서 겪게 되는 '불쾌감', 그리고 그 '불쾌감'이 중국의 '패도'의 정당성을 뒷받침하는 근거로 자리 잡게 되는 논리 구조에 가 닿는다.

논리 구조 자체도 문제지만, 그의 시선은 보다 근원적인 장소로 향한

4부 · 문화 강국의 꿈, 어디로 가는가?

193

다. 그는 "왜 우리는 선의를 기반으로 하여 국제 협력과 교류를 하고자 하는데, 번번이 적대와 불쾌한 경험을 겪게 되는가?"라고 질문하며, 보다 세밀한 전후 맥락을 살피기 시작한다. 이 글에서는 허자오톈의 〈중국이 세계로 깊이 들어갈 때〉를 중심으로 중국의 세계 인식의 구조와 문제점들을 살펴보고자 한다.

'도광양회(韜光養晦)'에서 베이징 컨센서스로, 다시 '책임 있는 대국'에 이르기까지

2004년 제안된 베이징 컨센서스는 시장주의와 민주주의, 그러나 사실상 신자유주의를 핵심으로 하는 워싱턴 컨센서스의 대립 개념으로, 정부 주도의 중국식 시장경제 발전 모델을 일컫는다. 경제 발전의 성과와 자부심이 중국식 시장경제의 기반이 되었음은 물론이거니와, 2008년 미국 경제 위기와 맞물려 그 위세는 정점에 달했었다.

베이징 컨센서스가 비교적 경제적인 측면에 치중된 것이라고 한다면, 이후 등장한 중국식 모델은 '보편 가치'를 주장하는 특징이 있다. 경제

〈현대 중국의 사상적 곤경〉
허자오톈(賀照田) 지음, 창비, 2018. ⓒ창비

적 측면의 자신감이 전방위적으로 확대되어 나간 것이다. 이와 같은 중국의 자기 주장은 90년대 덩샤오핑의 "자신을 드러내지 않고 때를 기다리며 실력을 기른다"라는 도광양회(韜光養晦)의 방침, 그리고 2000년대 초반 제기되었던 중국 위협론에 대한 조심스러운 대응인 화평굴기(和平崛起) 등과는 거리가 있는 것이다.

경제적으로도, 정치적으로도, 누구도 부인할 수 없는 G2로 등극한 이후 제시되는 '책임 있는 대국' 관념에는 이와 같은 경제적 자신감이 자리 잡고 있다.

'책임 있는 대국'이 마주하게 된 적의와 불쾌감, 그리고 대응

"왜 그처럼 많은 사회의 민중들이 중국 대륙을 향해, 해당 사회에 속한 중국 대륙의 공민을 향해 그처럼 강렬한 불만을 표출하는 것일까?"

중국 사회는 이에 대해 대체로 세 가지의 해석과 대응책을 내놓는다. 첫째, 우리의 방향성이 잘못된 것이 아니라, 우리에 대한 선전이 부족하기 때문이다. 따라서 우리는 선전과 설명을 중심으로 한 국제교류 사업을 더욱더 확대하여 다양한 국가와 지역 사람들에게 중국에 대한 이해를 증진시켜야 한다. 공자학원 같은 것이 대표적인 사례라고 할 수 있을 것이다.

둘째, 현재 서구중심적인 사유와 가치 체계가 세계를 주도하고 있기 때문에, 중국이 발전하여 압도적인 위상에 다다르게 되면 중국에 대한 편견도 변화될 것이다. 이러한 관점은 특히 경제 발전이 다른 모든 가치보다 우선시되는 발전지상주의라는 점에서 심각한 문제를 낳는다.

셋째, 특정 국가나 집단의 중국에 대한 뿌리 깊은 적대감이 있고, 중국의 발전에 따라 그것이 더욱 강해졌다. 그렇기 때문에 중국은 자국의 안전 보장을 위해 더 강한 군사력을 추구해야 한다.

첫 번째의 방향성은 비교적 온건하고 점진적이며, 꾸준히 성과를 내고 있는 것처럼 보인다. 반면, 두 번째와 세 번째는 본질적인 해결책이라기보다는 그 자체가 목적이 되어가고 있는 경향이 크다. 이를테면 교류의 무산으로 인한 불안함을 경제 발전과 군사력 확충을 통해 보상하고자 하는 것이다. 이러한 방식의 논리는 허자오톈이 우려한 것처럼 패권주의의 그것과 큰 차이가 없는 것이다.

발전주의와 경제 발전의 트라우마

그러한 논리의 이면에는 경제 발전만이 유일한 가치로 살아남은 황폐화된 사상의 풍경이 있다. 농담으로 시작되었던 "인민폐로 해결할 수 있는 것은 인민 내부의 모순이고, 인민폐로 해결할 수 없는 것은 적아(敵我) 모순이다"라는 말은 현재 중국 사회를 너무나도 투명하게 비추는 말이 되고 말았다.

기본적으로 국가는 경제 발전을 위해서 사회 문제를 해결했으며, 문제의 해결 방식 또한 경제적인 방법으로 이루어졌다. 돈으로 해결할 수 없는 문제에 대해서는 체제적 억압이나 폭력의 수단이 가해졌다. 돈으로 해결되면 중국 인민인 것이고, 돈으로 해결시키지 못하면 '적아모순'인 것이다. 그렇게 문제를 해결하는 방식은 풍자적으로 '화해시키다(被和諧)'라고 불렸다.

이렇듯 중국 사회를 지배하는 절대적인 가치는 경제 발전이 되었고, 그것은 국제 관계를 사유하는 데 있어서도 주요한 기반이 되었다. 중국 외교계에서 빈번히 사용되는 쌍영(雙贏), 공영(共贏)이라는 용어는 윈-윈 (win-win)이라는 단어로 쉽게 치환될 수 있다. 상호 간의 경제적 이익을 추구하는 것이 중요한 목표이자 추구하는 가치가 되고, 그 외의 요소들은 부차적인 것으로 간주되는 데 그친다.

이러한 경제적 측면에만 집중한 상호 교류, 그리고 그에 대한 상대방의 싸늘한 반응은 어쩌면 1970~80년대 일본의 비즈니스맨들이 유럽에서 받았던 평가들을 떠올리게 만드는 부분이 있다. 그렇지만 중요한 것은, 내면화된 경제중심적 사고 또한 일종의 트라우마라는 점이다. 경제 발전을 위해서 다른 모든 것들을 희생시켰던 시대의 산물, 그러한 측면에서는 한국의 역사 경험에까지도 소급시킬 수 있을 것이다.

타인을 '타인'으로 받아들여야

허자오톈은 중국이 타인을 상대하는 방식의 근본적인 변화를 두 가지 방향에서 제시한다. 하나는 타인을 '타인'으로 받아들일 것에 대한 주문이다. "나를 미루어 타인에 미친다(推己及人)"와 같은 중국의 전통적 사유는 본질적으로 타인에 대한 배려이지만, 동일한 역사 문화적 배경을 공유해야 효과적일 수 있다.

달리 말하면, 다른 문화적 동질성이 떨어지는 '타인'과의 교류에서는 큰 효과를 발휘하기 어렵다는 점이다. 특히 종교가 사회의 중심이 된 사회와의 교류에서 중국과의 차이점은 두드러진다. 그렇기에 먼저 '타인'에 대한 지식이 부족함을 인지하고, 심화된 이해를 기른 뒤에 다시 '추기급인'해야 하는 것이다.

또 다른 하나는 경제적·군사적 측면의 성장에 급급한 현실에 대한 반성이다. 경제력, 군사력에 대한 추구는 어쩌면 서구 제국주의의 유산이기도 하다. 지난 19세기 말 20세기 초 서구가 아시아에 가져온 갱생의 계기들은 흡수하되, 제국주의가 세계에 초래했던 다양한 문제들을 극복해야만 한다. 그렇게 함으로써, 중국 자신의 비상(飛上)이 세계의 더 많은 지역들이 비상하는 데 이바지해야 한다는 것이 그의 주장이다.

김현주

2021. 1. 15.

중국은 문화 강국이 될 수 있을까

한국으로 진출하는 중국 문화

2011년 10월 18일 중국 공산당 제17차 중앙위원회 제6차 전체회의에서 '문화 체제 개혁의 심화, 사회주의 문화의 대발전과 대번영에 대한 중공중앙의 결정'이 통과되었다. 그 내용을 한마디로 요약하면 '문화 강국'의 장기적 플랜이다.

중국의 애니메이션 강국 선언

문화 강국 전략이란 구체적으로 무엇일까. 크게는 중국의 문화 소프트 파워를 키우고, 중화 문화의 국제적 영향력을 높이겠다는 것이다. 작게는 반향을 불러일으킬 만한 문화 작품을 발굴하고, 창의적 산업이 세계적 우위를 점하도록 하고, 문화적 이념과 가치관을 해외에 홍보하는 것이다.

중국 정부는 문화 강국을 실현하기 위해 문화 산업에 대한 재정 및 법률적 지원과 투자를 아끼지 않았다. 이러한 정부의 적극적 지원을 받아 2008년 11월 17일, 중국의 애니메이션 기업들도 '애니메이션 강국 선언'

을 발표했다.

> "애니메이션 강국은 문화 구국일 뿐만 아니라 경제 강국이기도 하다. 애니메이션 산업의 가치는 중국의 내수를 확대하고, 중국 중소기업을 중국 제조(made in China)로부터 중국 창조(made by China)로 나아갈 수 있도록 하는 역사적 사명을 갖고 있다."

이렇듯 중국 정부는 애니메이션 기업의 글로벌화 전략을 적극적으로 지원할 뿐만 아니라, 2015년에 애니메이션 기업에 대한 세금혜택 심사 비준 절차를 없애고, 절차도 간편화하였다. 그 결과 중국 애니메이션 시장 규모가 2013년에는 876억 위안, 2018년에는 1650억 위안으로 크게 늘었다.

2020년 6월 웨이보(微博) 애니메이션이 발표한 '2020 웨이보 애니메이션 백서'에 따르면, 코로나 악재에도 불구하고 웨이보에서 애니메이션을 이용하는 사용자가 2.92억 명에 달했다고 한다. 그 수치는 계속해서 증가하고 있어 차후 중국 내 애니메이션 시장의 전망이 상당히 밝다.

2019년 중국 국산 애니메이션 〈악동 너자의 탄생(哪吒之魔童降世)〉은 상영 4일 만에 8억 개의 표를 판매하는 기염을 토했다. 과거의 중국 애니메이션은 월트 디즈니, 워너브라더스, 유니버설 픽쳐스에서 만든 애니메이션과는 질적으로 큰 차이가 있어 중국인들에게도 철저하게 외면 받았다. 그랬던 중국의 애니메이션이 이제는 중국 내에서 큰 인기를 얻으며 성장하고 있는 것이다.

〈악동 너자의 탄생〉은 중국 내에서 엄청난 주목을 받으면서 '문화적 자신감'의 원천이라고 회자되었지만, 해외에서의 반응은 그에 미치지 못했다. 아직은 중국 애니메이션의 갈 길이 먼 것이다.

2021년 7월 30일, 중국 상하이에서 열린 중국 디지털 엔터테인먼트 엑스포의 한 장면 ⓒ이매진 차이나=연합뉴스

게임과 문화 강국 전략

애니메이션 외에도 중국의 게임 산업도 문화 강국 전략 실현에 큰 몫을 하고 있다. 중공 18대에서 사회주의 문화 강국 건설을 재차 강조한 이후, 중국은 신형 문화 산업에 대한 지원과 경쟁력을 향상시키는 데 주력해 왔다. 그 신형 문화 산업에는 게임이 포함되어 있다.

중국 게임 산업의 시장 규모는 400억 위안을 넘어선다. 그런 큰 시장을 이용해 중국 정부는 게임 콘텐츠에 중국의 전통적 문화와 철학을 반영한다. 이를 통해 중국은 대내적으로 전통문화의 계승과 발전을 꾀하고 있

을 뿐만 아니라, 중국 문화의 영향력을 세계적으로 확장하려는 것이다.

사드 사태로 한국 게임의 중국 진출이 막힌 이후, 한국 게임의 중국 수출액은 2017년 이후 크게 감소했다. 하지만 역으로 중국 게임은 2019년 한국에서 1조 9,000억 원의 매출을 올렸다. 특히 모바일 게임 종합 순위 톱5 순위에 중국 게임이 3개(라이즈 오브 킹덤즈, 기적의 검, 오늘도 우라라 원시 헌팅 라이프: 2019년 게볼루션 자료)나 올랐다. 물론 PC게임에서는 아직 한국 게임이 강세를 보이지만, 막강한 자본과 정부의 강력한 지원에 힘입은 중국 게임이 한국 게임 업계를 압박하고 있는 실정이다.

지금까지 중국에서 한국 게임이 그나마 인기를 끌 수 있었던 것은 해외 자본의 투자 유치 정책, 즉 '인진래(引進來)' 정책 덕분이었다. 그런데 이제 중국은 중국 자본의 해외 투자 정책, 즉 '주출거(走出去)' 정책으로 중국 게임을 해외 시장에 적극적으로 진출시키는 데 주력하고 있다. 텐센트(騰訊)나 넷이즈(網易) 같은 대기업을 비롯해 중소기업까지 너 나 할 것 없이 '해외 진출(出海)'에 나서고 있다.

그러나 중국의 모든 문화 산업은 중국 정부의 전략적 구상에서 벗어날 수 없다. 게임도 예외는 아니다. 게임도 "전통문화와의 결합"이라는 정부의 요구에서 벗어나지 못한다.

중국의 게임회사들은 게임을 통해 주류 문화, 즉 중국 특색 사회주의 문화를 선전해야 한다. 그와 더불어 전통문화의 시대적 특색을 게임을 통해 발현하고, 그러한 내용을 담아야 한다. 중국 게임회사 넷이즈가 베이징 고궁박물관의 협찬으로 송나라 시대 화가인 왕희맹(王希孟)의 천리강산도(千裏江山圖)를 배경으로 만든 게임, 회진·묘필천산(繪真·妙筆千山)을 만든 것이 그 대표적인 예이다.

중국 웹 소설, 세계로 가다

얼마 전 방영되기 시작한 드라마, 〈철인왕후〉의 원작은 중국의 웹 소설 〈태자비승직기(太子妃升職記)〉이다. 이렇듯 중국 웹 소설도 '주출거'의 대열에 들어섰다. 2009년 미국에서 출간된 중국소설은 단 8개의 작품이었다. 그런데 최근 중국 소설가 모옌(莫言)이 노벨문학상을 받은 이래, 중국 소설의 세계적 영향력이 나

2012년 노벨문학상을 수상한 중국 작가 모옌
ⓒAP=연합뉴스

날이 커지고 있다. 중국 고전은 물론이고 현대의 웹 소설에 이르기까지 다수의 작품들이 다양한 언어로 번역·출판되고 있다. 물론 그 선두에는 중국의 웹 소설이 있다.

중국 웹 소설의 급속한 성장은 독자층의 성장과도 맞물려 있다. 2018년 중국의 웹 소설 이용자 수가 4.06억 명에 이르렀다. 전체 인터넷 이용자의 절반 이상인 50.6%가 웹 소설을 이용한다고 한다. 웹 소설의 수요가 늘어남에 따라 웹 소설 작가의 수도 기하급수적으로 늘었다. 아이루이(艾瑞)가 발표한 '2020년 중국 웹 소설 문학 해외 진출 연구보고'에 따르면, 중국의 웹 소설을 읽는 해외 이용자가 3193.5만 명에 이르고, 해외 시장 규모만 해도 4.6억 위안이나 된다.

중국 웹 소설이 가진 내용의 다양성과 발전 가능성 그리고 잠재력을

부정할 수는 없지만, 그 이면에는 현실성과 창의성 그리고 비판성 등이 떨어지는 단점도 있다. 중국의 글쓰기 플랫폼인 바이쟈하오(百家號)에 따르면, 2020년 중국에서 인기를 얻은 웹 소설 순위를 1위부터 살펴보면, 〈원존(元尊)〉, 〈성허(聖墟)〉, 〈역천사신(逆天邪神)〉, 〈복천씨(伏天氏)〉, 〈무련전봉(武煉巔峰)〉, 〈검래(劍來)〉, 〈만고신제(萬古神帝)〉, 〈창원도(滄元圖)〉, 〈삼촌인간(三寸人間)〉, 〈만족지겁(萬族之劫)〉이다. 제목에서 알 수 있듯이 순위에 오른 대부분의 웹 소설 장르는 판타지, 무협 등과 같은 현실과 거리가 먼 내용을 다루고 있다. 그 밖의 웹 소설도 사정은 마찬가지다.

과거에 홍콩 무협 소설과 영화가 세계적으로 인기를 얻었듯이, 중국의 웹 소설도 하나의 조류를 형성할 수는 있을 것이다. 그러나 중국을 포함하여 4억이 넘는 세계의 사람들이 중국의 게임과 웹 소설을 이용한다고 해서 중국의 문화 소프트 파워가 커질까? 크게 도움이 될 것 같지는 않다. 그것들이 다루는 내용이 모두 현실의 중국과는 거리가 멀기 때문이다.

물론 대중의 관심을 얻어 경제적 이익을 효과적으로 얻으려는 작가와 웹 소설 플랫폼의 의도가 작용한 결과일 테다. 하지만 웹 소설의 내용에 대한 정치적 통제가 그 원인이기도 하다.

선정적이거나 폭력적인 내용에 대한 적절한 통제는 필요하다. 하지만 그것이 지나치면 웹 소설의 창의성과 발전 가능성을 옥죄는 결과를 낳을 수 있으며, 웹 소설의 내용이 모두 천편일률적으로 흘러간다면 독자들은 관심과 흥미를 잃을 가능성이 높다. 문화 강국으로 가는 길을 걷기 시작한 중국, 이제는 자국의 문화를 확산하고 발전시키는 기술적 진보뿐만 아니라 자유로운 진보를 통해 콘텐츠의 질을 높임으로써 전 세계의 공감을 얻어야 할 것이다.

이용범
2021. 3. 12.

e스포츠 종주국 한국, 중국에 추월당한다?

앞서거니 뒤서거니… 한국과 중국의 'e스포츠' 정책

2021년 2월 19일, 중국 인력자원사회보장부는 프로게이머를 비롯한 13개 직업의 '직업 기능 표준'을 발표했다. 이는 2019년 4월 프로게이머를 직업으로 정식 인정한 것에서 한발 더 나아가, 국가가 적극적으로 프로게이머들을 관리하겠다는 것을 의미한다. e스포츠 종주국인 한국의 경우는 국가가 아닌 사단법인 한국e스포츠협회(KeSPA)에서 e스포츠 종목 및 프로게이머의 자격 심사를 담당하고 있다.

중국 정부의 행보는 적지 않은 시사점을 준다. 한국과 중국 모두 게임에 대해서는 강력한 규제를 적용하고 있지만, 동시에 e스포츠 산업에 대해서는 적극적인 부양책을 시도하고 있다.그런데 최근 중국의 'e스포츠' 정책은 정부 차원의 보다 높은 강도의 개입을 예고하고 있기 때문이다.

정부가 인정한 세계 최초의 프로게이머들

한국에서 세계 최초의 프로게이머로 회자되는 것은 신주영이다. 그러나 신주영은 본명도 아니었고, 프로게이머가 직업이라 할 만큼 장기간 활동했다고 보기에는 무리가 있다. 상징적 존재로 보아야 한다.

직업으로서의 지속성을 선행 요건으로 놓고 본다면 비교적 장기간 활동한 임요환, 홍진호, 김동수 등 1세대 프로게이머들이 눈에 들어온다. 한국에 PC방이 폭발적으로 증가하던 1990년대 말부터 2000년대 초반, 직업도 없이 게임이나 하는 소위 'PC방 죽돌이'들은 사회의 따가운 눈총을 받았다. 2003년 KBS 〈아침마당〉에 출연한 프로게이머 임요환은 심각한 사회 부적응자, 도박 중독자로 오인받기도 했다.

프로게이머가 국가로부터 인정받은 것은 2000년 8월의 일이다. 문화관광부는 프로게이머 등록 제도를 승인했다. 프로게이머가 직업으로 인정받게 됨에 따라 생겨난 가장 큰 변화는 상금 소득의 세율 변경이었다.

일반적으로 불특정 다수를 대상으로 한 경연에서의 상금은 22%의 세율을 적용받는다. 초기의 프로게이머들은 22%의 세율을 적용받았다. 이후 프로게이머가 하나의 직업으로 인정받게 되면서 세율은 3.3%로 조정되었다. 세율의 변화도 중요하지만, 새롭게 생겨난 직업군이 국가로부터 인정받고, 한국 사회의 일부로 편입되었다는 데에 그 의의를 찾을 수 있다.

e스포츠 주도권 경쟁과 세계 최초의 e스포츠법

2000년대 초반, 세계 최초의 e스포츠 전문 방송국과 기업의 후원을 받는 e스포츠 팀이 등장하며, 한국은 가장 먼저 e스포츠 산업의 생태계를 구축하게 된다. 이때 태어난 KeSPA는 발 빠르게 세계 e스포츠의 주도권을 쥐기 위한 행보를 보여 준다. e스포츠의 스포츠 종목 인정, 그리고 국제적 표준화를 목표로 한 국제e스포츠연맹(IeSF)의 창설이 그것이다. IsSF는 2008년 대한민국을 주축으로 한 9개국이 모여 시작되었으며, 현재는 정확하게 100개국이 참여하고 있는 대형 국제스포츠 단체가 되었다.

민간 차원에서의 주도권 경쟁과 더불어, 정부 차원의 적극적인 지원도 존재했다. 다른 나라에서는 아직도 찾아보기 어려운 e스포츠 관련 법령, 'e스포츠(전자스포츠) 진흥에 관한 법률(약칭 e스포츠법)'이 그것이다. 2012년부터 본격적으로 시행된 e스포츠법은 관련 문화와 산업의 기반 조성과 국제 경쟁력 강화를 목표로 하고 있다.

법령으로 인해 국가와 지방자치단체는 "e스포츠의 진흥을 위해 필요한 시책의 수립과 시행의 책임"을 맡게 되었다. 부산광역시 부전동에 위치한 부산e스포츠경기장(BRENA)과 광주광역시 서석동의 광주e스포츠경기장이 e스포츠법에 의거하여 지어진 경기장들이다.

중국 e스포츠 산업의 고속 성장과
중국 정부의 프로게이머 등급제 시행

최근 들어 중국 정부가 e스포츠 산업에 손대기 시작한 배경에는 중국 e스포츠 산업 시장의 급속한 성장세가 자리잡고 있다. 한국콘텐츠진흥원에 따르면 최근 5년간 중국 e스포츠 산업 시장은 2016년 7조 3,770억, 2017년 12조 1,120억, 2018년 16조 1,420억, 2019년 19조 4,000억, 2020년

2018년 11월 10일 홍콩에서 열린 WESG(World Electronic Sports Games)의 한 장면 ©EPA=연합뉴스

기준 23조 2,246억 원으로 성장했다. 5년 새 몸집이 3배 이상 커진 것이다. 과거와 같은 연간 6% 이상의 고도 성장을 유지하기 어려운 중국의 입장에서 이제 e스포츠는 중요하게 관리할 대상이 되었다.

2020년 발표된 약 1,710조 원이 투입될 중국의 '신인프라건설(新基建)'은 e스포츠를 포함한 5G, AI 등 첨단 산업의 본격적인 육성을 목표로 하고 있다. 프로게이머 등급제 또한 이러한 정부의 적극적인 개입의 결과물 중 하나로 해석될 수 있다.

또, 2022년 항저우 아시안 게임에 e스포츠가 정식 종목으로 채택된 점도 고려되어야 한다. 국가적 산업 정책과 국위 선양의 필요성이 프로게이머 관련 정부 시책에 긴밀하게 반영되고 있는 것이다.

중국의 프로게이머는 앞으로 수상 경력과 활약상에 따라 1~5등급으로 분류되게 된다. 이러한 정부 차원의 관리가 향후 중국 e스포츠에 어떠한 결과를 가져오게 될지는 미지수이다. 프로게이머도 다른 종목의 선수와 같이 에이징 커브(aging curve)가 존재하기에 오랜 기간 정상의 기량을 유지하기 어렵다.

스타플레이어의 퍼포먼스와 연봉, 그리고 국가가 관리하는 등급 기준 간의 괴리는 필연적일 것으로 보인다. 시장의 영역과 정부 정책의 개입이 미묘하게 어긋나 있는 지점이 앞으로 어떻게 전개될지 주목해 봐도 좋을 것 같다.

WCG Connected 2020과 e스포츠 종주국의 미래

게임계의 올림픽으로 불리기도 하는 월드사이버게임즈(World Cyber Games, WCG)는 작년 온라인 기반으로 개최될 수밖에 없었다. 흥미로운 것은 월드사이버게임즈의 참가국이 한국과 중국, 2개국뿐이었다는 점에 있다. 프로게이밍의 특성상 물리적 거리로 인한 네트워크 지연의 문제, 미약한 일본의 e스포츠 산업 등도 이유가 될 수 있을 것이다.

그러나 한국과 중국이 세계 e스포츠에서 가장 두각을 나타내고 있는 국가라는 점을 생각해 보면 의미심장한 부분이 있다. 세계에서 가장 인기 있는 e스포츠 이벤트 중 하나인 리그 오브 레전드의 월드 챔피언십의 우승팀은 최근 5년간 한국과 중국에서만 배출되고 있으며, 글로벌 e스포츠의 대표격인 오버워치 리그에는 무려 4개의 중국을 연고지로 한 팀이 활동하고 있다.

한국과 중국은 당분간 이러한 세계 최정상의 대결 구도를 유지하게 될 것이다. 중국의 거대한 시장과 자본, 한국이 쌓아 온 막강한 e스포츠 인 프라가 그 근간이다. 한국에서 치러진 2020 LCK 서머의 시청자 403만 명 중 약 67%에 달하는 약 270만 명은 한국 외부에서 접속했다. e스포츠에 있어 한국이 가지는 브랜드 파워를 여실히 보여 준다고 할 수 있다.

그렇지만 이러한 한국의 강세가 언제까지 이어질지는 장담하기 어렵다. 장기적으로는 거대자본과 시장 규모의 압력을 이겨내기 어렵기 때문이다. 거기에 더해 중국 정부의 적극적인 개입이 시작된 시점이다. 지금 한국의 과제는 성급한 신규 프로젝트의 개발보다는 e스포츠 산업의 내실을 다지는 일로 보인다.

지금이야말로 지난 2019년 '카나비 사건'을 겪으며 드러난 취약점들이 제대로 보완되었는지 되돌아 볼 시점이다. 2020년 마련된 '프로게이머 표준계약서'의 이행 여부 점검, 프로게이머 자격과 인증에 대한 보다 철저한 관리 등이 무엇보다 시급한 과제다.

윤성혜
2021. 5. 28.

중국, 인터넷 영상물 저작권 보호 강화한다
'디지털'에 한발 더 다가서는 중국

2021년 4월 23일 '세계 책과 저작권의 날'에 중국은 '영상물 저작권 보호'에 관한 공동 성명을 발표하여 눈길을 끌었다. 중국에서는 이처럼 사적 영역의 이익 집단이 공동의 목소리로 성명을 발표하는 일은 매우 이례적이기 때문이다.

이번에 발표된 공동 성명에는 저작권과 밀접한 관련이 있는 70여 개의 영상 매체와 500여 명의 연예인이 참여했다. 이에 앞서 4월 9일에도 비슷한 공동 성명이 인터넷 영상 플랫폼 및 기업을 중심으로 발표된 바 있다.

공동 성명의 주요 내용은 현재 중국 인터넷 시장에서 급격히 성장하고 있는 '쇼트 클립(short clip, 短視頻)', 즉 5분 내외의 짧은 동영상에 대한 저작권 보호 강화가 핵심이다. 이처럼 중국 내 저작권 보호에 대한 적극적인 움직임은 '지식재산권'에 대한 중국인들의 인식 변화를 가장 직접적으로 대변하고 있다. 이와 더불어 관련 법률도 잇따라 실시될 예정이어서 이러한 변화에 더욱 힘을 실어 주고 있다.

인터넷 영상물 시장의 급성장에 따른 저작권 보호 문제 대두

중국에서 인터넷 동영상 시장은 가장 많은 저작물 비중을 차지한다. 그중에서 쇼트 클립 시장은 2000년 들어 발전하기 시작했음에도 불구하고, 인터넷 소비 시장의 핵심으로 자리 잡고 있다.

'중국 인터넷 저작권 산업 발전 보고(中國網絡版權産業發展報告(2018))'에 따르면, 2018년 중국 쇼트 클립 이용자는 5억 100만 명으로 2019년에는 6억 명을 돌파했다. 이에 따라 시장 규모도 가파르게 상승하고 있는데, 2019년에는 2018년에 비해 약 744% 급성장하여 100억 위안을 넘어섰다.

이러한 성장에도 불구하고 쇼트 클립을 제작하는 제작자나 이를 이용하는 이용자들의 지식재산권 보호에 관한 인식 수준은 그 성장 속도에 비례하지 않는 모습이다. '2020년 중국 인터넷 쇼트 클립 저작권 모니터링 보고(2020中國網絡短視頻版權監測報告)'에 따르면 2019년부터 2020년 10월까지 저작권 침해 의심 사례가 1602.69만 건인 것으로 나타났다. 이러한 저작권 침해는 텔레비전 드라마나 영화에서 두드러지게 나타났다.

드라마나 영화 등은 저작권 보호를 받는 원저작물로, 저작자의 창의적 요소가 포함되어 있는 내용의 일부를 5분 내외의 동영상으로 2차 편집하여 사용할 경우 저작권 침해가 발생할 수 있다. 하지만 문제는 많은 쇼트 클립 제작자가 이를 인지하고 있지 못하는 것이다.

또 지금까지는 이를 인지하고 있었다 하더라도 관련 산업의 발전 또는 원저작물의 홍보 수단으로서의 역할이 강조되어 저작권 보호 문제는 뒷전으로 밀렸다. 그런데 최근 쇼트 클립 시장이 급속히 성장하고, 이용자도 지속적으로 증가하면서 이에 근거한 새로운 형태의 저작권 분쟁이 발생하기 시작했다. 이에 따라 인터넷 영상물에 관한 저작권 보호 강화에 대한 목소리가 나오게 된 것이다.

신속한 저작권법 개정으로 인터넷 영상물의 보호 근거 마련

다행인 것은 2020년 개정된 '저작권법(著作權法)'이 2021년 6월 1일부터 시행된다는 것이다. 개정 저작권법은 이러한 현실을 반영하여 본법의 적용 범위를 확대했다. 인터넷 영상의 합법적 관리 감독에 대한 법률적 근거가 마련되어, 법률적 테두리 안에서 인터넷 영상물 시장의 질서를 확립하게 됐다.

우선, 기존의 '영화 또는 유사영화 저작물'을 '시청각 저작물'로 수정하여 쇼트 클립은 물론 라이브 방송, 게임 등 인터넷상의 영상물에 대해서도 저작권 보호가 가능해졌다. 이로써 인터넷 영상물 시장의 급격한 성장과 함께 새롭게 등장한 온라인 저작권 문제에 대한 합법적 해결책이 마련되었다.

한편 저작권 불법 도용 등 침해 행위에 대한 처벌을 강화했다. 고의적이고 심각한 저작권 침해에 대해 실제 손해의 1~5배 배상이 가능하도록 '징벌적 손해 배상 제도'를 확립했다.

특히나 지식재산권 침해의 경우 현실에서는 그 불법 소득을 산정할수 없어 이를 증명하기 어려운 경우가 많았고, 이로 인해 처벌의 실효성에 대한 문제가 제기되어 왔다. 이러한 문제를 반영하여 개정 저작권법에는 "불법 이득을 산정할 수 없는 경우"의 단서를 새로 추가하여 25만 위안

이하의 과태료를 부과할 수 있도록 했다.(제53조)

또한 손해 배상에 있어서도 "권리자의 실질 손실이나 권리 침해자의 위법 소득을 산정하기 어려운 경우" 500위안 이상 500만 위안 이하의 배상금 지급을 선고할 수 있도록 규정했다.(제54조)

중국의 저작권 보호 환경 변화에 우리 기업의 적극적 대응 필요

그간 중국의 법률 정비 과정을 감안해 볼 때, 지식재산권 분야의 법률 개정은 매우 신속히 진행되고 있다. 시작은 미국과의 통상 갈등 속에서 미국의 요구에 부응하기 위한 것이었을 테다. 하지만 이러한 법률 정비 노력이 '디지털 중국'이라는 발전 기조와 맞물려, 오히려 중국이 원하는 디지털 사회로의 전환을 촉진하는 촉매제 역할을 할 것으로 기대된다.

또한 디지털 산업에서 새롭게 급부상하고 있는 인터넷 영상물 시장이 법률 테두리 안에서 질서 있게 성장할 수 있는 기반이 될 것으로 본다.

지식재산권 보호의 중요성에 대한 중국인들의 인식도 빠르게 개선되고 있다. 현재 중국 법원에 접수되는 민사 소송의 70% 이상이 지식재산권 침해 사안이다. 이러한 통계만 보더라도 이제 지식재산권이 사법 절차를 통해 정당하게 구제받을 수 있는 합법적 권리라는 인식으로 어느 정도 자리잡고 있는 것이다. 저작권법 개정으로 인터넷 저작물에 대해서도 사법적 방법으로 권리를 구제받으려는 시도가 확대되면서, 향후 관련 소송도 급증할 것으로 예상된다.

중국의 이러한 환경 변화가 한국의 기업에게는 새로운 기회가 될 수

중국 최대 동영상 사이트 아이치이. 중국은 2021년 6월 저작권법 개정 및 실시를 통해 인터넷 영상물의 법적 보호를 강화했다. ⓒ연합뉴스

도 있다. 한국은 지금까지 중국으로부터 인터넷 한류 콘텐츠에 대한 권리 침해를 당해도, 소송을 제기하는 등 적극적으로 대응하는 경우가 거의 없었다. 이는 관련 법률도 미비했을 뿐만 아니라, 법률적 방법을 통한 문제 해결이 가능한지에 대해서도 확실치 않았기 때문이다.

저작권법 개정으로 법에 근거한 권리 보호를 주장할 수 있는 기회가 마련된 만큼, 이를 적극적으로 활용할 필요가 있다. 이와 더불어 중국 내 인터넷 콘텐츠에 대한 저작권 보호가 엄격해지는 상황에서 이에 적절하게 대응하지 못하면 도리어 '침해의 가해자'가 될 수 있음을 유의해야 한다.

중국 여성학의 선구자 리샤오장, 그는 누구인가?

'당에 의한' 여성 해방에 반기를 들다

2020년, 중국의 성(性) 사회학자인 리인허(李銀河)의 〈이제부터 아주 위험한 이야기를 하겠습니다: 검열의 나라에서 페미니즘-하기〉(2020, 아르테)가 출간되어 한국 독자들을 만났다. 리인허는 1952년생으로 일흔을 앞둔 중국의 1세대 여성학 연구자이나, 동성애가 금지된 중국에서 FtM(Female to Male) 트랜스젠더와 재혼하고 LGBT 운동에 앞장서는 등 중국 전통에 내재된 성차별과 고정관념에 맞서 여전히 목소리를 높이고 있다. 하지만 1980년대 중국 여성학의 시작을 열어젖힌 학자는 리인허가 아닌 또 다른 1세대 연구자 리샤오장(李小江, 1951~)이다.

여전히 대중의 뜨거운 관심을 받고 있는 리인허나 서구 페미니즘 입장에 서 있는 왕쩡(王政) 등 다른 1세대 연구자들과 비교해 볼 때, 리샤오장은 현 중국 페미니즘의 주류라고 말할 수 없다. 또 여성의 생물학적 특성을 강조하는 리샤오장의 본질주의적 여성관은 논란의 대상이 되고 있다. 남녀의 젠더적 특징이 자연적이거나 고정적이지 않다고 보는 포스트모던 페미니즘 관념이 보편적으로 받아들여지고 있는 지금 이 시대에, 그녀는 어째서 선천적이고 자연의 생리 구조에 기초한 여성의 '본질'을 놓지 못하는 걸까?

'여성 해방'을 이룬 중국에서 사라져버린 '여성'

1949년 신중국 수립과 함께 마오쩌둥은 법과 제도적으로 여성의 권익을 보호하여 수천 년 동안 이어져 온 중국 전통의 가부장제 억압에서 여성을 해방시켰다. 1951년생인 리샤오장은 "남녀가 평등"하고 더 나아가 "남녀가 모두 같다"라고 여기는 시대에 태어나고 성장했다. 그러나 결혼을 계기로 그녀는 "남자와 여자는 다르다"라고 인식하게 되었고, 특히 출산의 순간부터 기존의 삶이 뒤흔들릴 정도의 큰 변화를 겪었다.

당시에는 오로지 이데올로기적인 남녀평등을 교육받았을 뿐, 기본적인 성교육이 이뤄지지 않았기 때문에 결혼이나 임신이 여성의 삶에 어떤 영향을 주는지 정확히 알지 못했다. 본인의 체험에서 깨달은 "남녀는 같지 않다"라는 인식은 '여성 주체 자각'의 필요성으로 나아갔고, 리샤오장이 기존의 '계급 해방' 담론에서 여성 문제를 독립적인 범주로 분리하는 근거로 삼은 것도 바로 '남녀의 생물학적 차이'였다.

문화대혁명이 끝난 1970년대 말부터 중국에서는 사회주의 혁명 역사를 재평가하기 시작했는데, '여성 해방'에서는 특히 노동하는 '무쇠 처녀(Iron Girl)'상에 대한 폄하와 '매력 없음'이 이야기되기 시작했다. 이 시기 리샤오장은 여성 연구 분야의 선두에 서서 처음으로 중국 '여성 해방'의 기본 전제인 "남녀는 모두 같다"라는 구호에 질의를 던졌다.

그러나 마오쩌둥 시대는 물론, 1980년대의 중국에서도 '여성 해방'은 정치 이데올로기적으로 완성형으로 받아들여져야 했다. '여성 해방'에 대해 의심하는 것은 중국의 혁명성과를 부정하는 '반동' 행위였고, "남녀는 다르다"라고 주장하는 것도 '반(反) 마르크스주의'라는 낙인이 찍히기 쉬웠기 때문이다. 따라서 1980년대 리샤오장의 주장은 학계는 물론 정치적으로도 큰 파장을 일으켰다.

리샤오장의 '본질주의' 입장과 그에 대한 비판

1980년대 리샤오장의 여성 연구가 중국 '여성 해방'에 대한 경험자로서의 반성, 즉 "남녀는 평등하나, 절대 같지 않다"에서 시작되었음을 상기하면, 남녀의 생물학적 차이를 강조하는 그녀의 '본질론'으로의 접근이 쉬워진다.

그녀에 따르면, 인류 재생산의 역할을 하는 여성의 '본질'은 자연의 생리 구조에 기초한, 부정할 수 없는 객관적으로 존재하는 성별 차이이다. 그리고 이러한 특성은 역사적으로도 여성의 삶에 큰 영향을 미쳐 왔다. 그런데 '객관적으로' 존재하는 이 차이를 부정하고 배제해버리면, 여성은 자신의 생명과 삶을 제대로 파악할 수 없다는 것이다. "여성(Female)은 태어난다"에 가까운 리샤오장의 입장은 "성은 사회적으로 구성된다"는 '젠더' 이론을 수용하는 페미니스트들에게 성 불평등을 자연화 할 수 있으며 여성을 다시 전통으로 회귀시킨다는 이유로 비판받는다.

1970년대 이후 서구에서 널리 사용되기 시작한 '젠더' 개념이 본격적으로 중국에 들어온 시기는 1995년 베이징에서 열린 제4차 '세계여성대회(World Conferences on Women)' 전후이다. 여성의 지위 향상을 목표로 국제연합이 주최하고 전 세계의 정부 기구와 비정부 기구가 참여하는 본 대회는 1989년 천안문 사태 이후 중국의 첫 번째 국제적인 행사였으며 중국 여성 연구에 있어 매우 중요한 역사적 전환점이 되었다.

그러나 아이러니하게도 여성주의의 전지구화를 촉진하는 계기가 된 본 대회를 분기점으로 리샤오장은 중국 주류 학계는 물론 서구 여성주의와 갈라지게 된다. 이러한 의견 차이는 해외 기금의 중국 유입과 특히 '젠더' 이론을 중심으로 한 서구 페미니즘 담론에 대한 그녀의 비판적 입장에서 비롯되었다.

리샤오장이 생각하기에 '페미니스트'라는 용어는 구미(歐美) 사회의 역사 경험을 중심으로 하므로, 중국의 역사와 현실에 맞지 않는다고 판단했다. 풀어 말하면, 오랜 시간 여성의 자각을 통해 여성 운동을 이어온 서구와는 달리, 중국은 여성의 자각이나 요구에 앞서 '당에 의해' 해방되어버린 까닭에 일찍이 법과 제도적 평등은 이뤘으나 여성의 주체적 자각이 부족했고, 문화대혁명의 절정에서는 남녀의 생태적 차이가 완전히 사라져버린 여성의 무성화(無性化), 즉 남성화 시대를 겪었다. 1980년대 중국에서 한때 '여성미(女性美)' 담론이 유행하며 여성들이 '여성성'을 발산했던 이유는 그간 부르주아적 반동 행위라는 이유로 억눌렸던 여성성에 대한 자각과 욕구가 폭발했기 때문이다.

이렇듯 서구와는 다른 '여성 해방' 경험의 차이로 인해, 리샤오장을 비롯한 일부 1세대 여성학자들은 서구 페미니즘의 수입을 계기로 '젠더' 연구의 추세가 '여성'의 입장을 다시 가려버릴까 우려하며 '여성'을 고수했다. 즉, 서구 페미니즘에서는 진일보한 것이나 중국에서는 과거로의 후

퇴였던 것이다. 또한, '페미니스트'는 '남성을 적으로 상정하는 이원대립적인 성질'을 띠고 있어 국가, 남성과 유기적 관계를 맺어온 중국과 맞지 않는다고 판단했다.

이러한 반서구적 관점은 리샤오장이 서양의 페미니즘과 중국이 다르다고 판단하고, 중국 여성학의 본토화를 주장하는 근거가 되었다. 그리고 1980년대부터 1990년대까지 그녀의 일련의 저작 〈이브의 탐색(夏娃的探索)〉(1987), 〈여인의 출로(女人的出路)〉(1989), 〈여인으로 나아가기(走向女人)〉(1992) 등은 '여성 해방'에 대한 이론 반성에서 시작하여 중국에 적합한 여성학, 즉 본토화의 이론적 토대를 쌓아가는 탐색 과정이었다고 볼 수 있다.

여성 스스로 말하게 하라 : 중국 여성 구술사 프로젝트

1995년 대회 이후 중국 대부분의 여성학자들이 NGO 프로젝트에 참여했으나, 리샤오장과 량쥔(梁軍)이 함께 만든 '국제여자학원(國際女子學院)'은 대회 개최 반년 전에 문을 닫았고, 리샤오장은 공개적으로 대회 불참을 선언한다. 여성 연구 이론가로서 그녀의 전성기는 막을 내렸으나, 1990년대 초부터 일흔이 넘은 현재까지 그녀는 현장에서 뛰면서 여성들의 목소리를 담아내며 중국 여성 연구의 '본토화'를 위한 토대 작업을 이어가고 있다.

대표적으로 1992년 시작한 '20세기 여성 구술사' 프로젝트는 구술 방법과 여성 연구를 결합한 첫 시도로 신시기 이래 가장 큰 규모의 구술사

실천이었다. 그리고 10년에 걸친 노력 끝에 2003년 〈여성 스스로 말하게 하라(讓女人自己說話)〉는 전쟁편, 시대편, 문화편, 민족편까지 총 4권의 시리즈로 출판되었다. 이 작업의 모든 인터뷰는 녹음되었으며, 노트와 사진을 정리하여 산시사범대학에 '부녀 문화박물관'을 설립하여 전시하였다.

또한, 2018년 11월에는 '여성/성별 연구 문헌자료관(女性/性別研究文獻資料館)'을 개관하여 여성의 지식 전달을 위한 지속적인 학술연구 기지를 마련하기도 했다. 최근에는 '지방문사(地方文史)' 자원을 발굴하여 향후 그 성과를 선보일 예정이다. 이러한 그녀의 학술 생애를 일별해 보면, 1980년대에는 중국 여성학의 1세대 이론가로서 전성기를 보내고, 이제는 현지답사를 통한 1차 자료 수집 및 정리에 몰두하는 운동가 또는 실천가로서 활발한 활동을 이어오고 있음을 확인할 수 있다.

정리해 보면, 리샤오장의 '젠더 본질주의'는 포스트모던 시대를 살아가는 지금 우리에게는 시대착오적인 사상으로 받아들여질 수 있다. 그러나 남녀의 차이가 말살되어버린 혁명 시대를 겪은 1980년대 중국이라는 시공간에서 볼 때, 분명한 의미를 갖는다는 점에서 서구와도 다르고 한국과도 다른 중국 여성학의 본토화 필요성에 힘을 실어 준다. 또한, 리샤오장의 후기 작업인 중국 여성 구술사, 문헌 박물관 프로젝트가 본토화 실현을 위한 토대 작업이 될 수 있다는 점에서 관련 연구와 더불어, 우리 여성학에는 어떤 시사점을 줄 수 있을지 지속적인 연구가 필요하다.

이용범
2021. 9. 24.

사마의의 재발견, 조조의 재재발견

새로운 〈삼국지〉와 '유교적 가치'의 재해석

우리가 잘 알지만, 잘 모르는 사마의

지난 2017년 장쑤(江蘇) 위성TV에서 제작한 〈대군사 사마의〉 시리즈는 한국에도 수입되어 케이블 채널에서 방영되며 적지 않은 인기를 끌었

다. 1부 〈대군사 사마의의 군사연맹(大軍師司馬懿之軍師聯盟)〉은 〈사마의: 미완의 책사〉라는 제목으로, 2부 〈대군사 사마의의 호소용음(大軍師司馬懿之虎嘯龍吟)〉은 〈사마의: 최후의 승자〉라는 제목으로 방영됐다.

특히 2부는 우리에게 익숙하지 않은 제갈량 사후의 위(魏) 내부의 권력 투쟁을 그렸다는 측면에서 많은 관심을 끌었다.

사실 우리는 사마의의 이름에는 익숙하지만, 막상 사마의 그 자체에 대해 생각해 보면 뭔가 탐탁치 못하다. 사마의는 대개 제갈

사마의 ⓒ위키피디아

량의 라이벌로 그려지고, 언제나 제갈량에게 전술적으로 패배를 거듭하나 압도적인 국력에 기반한 전략적 승리를 쟁취하는 존재로 형상화되어 있다.

"죽은 공명이 산 중달을 쫓다(死孔明走生仲達)"같은 일화, 제갈량으로부터 여자 옷을 받고서도 감내한 것과 같은 일화가 대표적으로 알려져 있을 따름이다. 항상 부수적으로 형상화되었던 것이다.

그리하여 정작 "사마의는 누구인가?"라는 질문을 받게 되었을 때, 우리는 제갈량 없이는 그를 상상할 수 없는 것이다.

촉한정통론의 피해자?

사실, 사마의는 촉한정통론의 피해자 중 하나라고 말할 수 있다. 잘 알려져 있는 삼국지 판본에 대해 알아보면, 삼국지는 본래 진(晉)나라의 진수(陳壽)가 지은 사서(史書)다. 기전체(紀傳體)로 쓰인 역사서로, 역대 중국 왕조의 사서를 일컫는 24사에 포함되어 있다.

진수는 위나라의 뒤를 이어 건국된 진나라 사람으로, 기본적으로 진나라가 정통임을 전제한 서술의 관점을 지닌다. 오늘날 한국에서 일반적으로 통용되는 관점과는 분명한 차이가 있다.

한국에 가장 널리 통용된, 그리고 일본과 중국 모두에도 가장 익숙한 판본은 14세기 만들어진 나관중의 〈삼국지 연의〉이다. 연의(演義)는 '사실을 부연하여 재미나게 설명함, 혹은 그러한 책이나 창극' 등을 의미하는 바, 정사 삼국지에 작가적 상상력이 풍부하게 들어간 작품인 것이다.

나관중은 위·촉·오 삼국 중 촉이야말로 한의 정통을 계승한 국가로 판단하고, 서술의 중심을 유비, 관우, 제갈량으로 삼았다. 이 과정에서 촉한 외부의 존재들은 들러리로 밀려났다.

그리하여 조조는 피도 눈물도 없는 난신적자의 대명사로, 사마의는 제갈량의 라이벌이지만 언제나 패배하는 역할을 맡은 인물로만 여겨지게 됐다.

〈삼국지 연의〉의 관점은 20세기에 이를 때까지 동아시아를 풍미했으나, 이후 일본과 중국에서는 또 다른 시각의 재해석들이 이어지며 어느 정도는 약화됐다.

그러나 한국에서는 88년 작가 이문열이 평역한 〈삼국지〉가 베스트셀러로 등극하고, 새로운 대입 전형 '논술'에 가장 도움이 된 책으로 꼽히면서 엄청난 인기를 끌게 된다. 이문열의 〈삼국지〉야말로 한국인들 사이에서 삼국지에 대한 인식을 결정지은 책인 것이다.

이문열의 문체는 매우 유려하고 작품의 재미도 뛰어나지만, 제갈량 사후의 부분을 극도로 축약한 것이 흠결로 꼽힌다. 촉한정통론이라는 관점과, 제갈량 사후의 분량이 줄어든 것이 사마의에게는 상당한 불행이었다.

가족을 위해 분투하는 서민(庶民)

서민, 혹은 서인은 벼슬이 없는 사람을 일컫는다. 〈대군사 사마의〉의 초반부 사마의는 벼슬에 나아가지 않은 상태였다. 그저 난세를 맞이하여,

일신과 가족을 지키고 싶은 것이 그의 마음가짐이었다.

그러한 그가 본격적인 정쟁에 참여하게 되는 것은 가족을 지키기 위해서였다. 어쩌면 멸문의 화를 당할지도 모르는 부친에게 씌인 누명을 벗기기 위해서 바쁘게 정계요인들을 찾아다니고 계책을 획책하며, 할 수 있는 모든 노력을 기울인 끝에 간신히 가족을 지켜 낸다.

그렇게 정계에 '데뷔'하게 된 사마의는 조조 집안의 후계자 투쟁에 휘말리게 된다. 세자 자리를 두고 다투는 조비와 조식의 고래 싸움에, 사마의는 사마씨 일가의 목숨을 자신의 등에 짊어지고 참전하게 된다.

'가족'을 지켜야 한다는 사마의의 사명감이 전면에 부각되는 것이 이 작품의 특징이다. 기존의 삼국지는 '대의'를 내세우는 이데올로기적 투쟁이 주요한 내러티브의 축선을 구성하고 있다. 가족은 대의를 위해 버릴 수 있는 것으로까지 형상화된다. 장판파에서 아두를 내던진 유비야말로 그 전형적인 예시이다.

촉한정통론이야 말로 흔들린 한(漢)의 정통을 회복해야 한다는 주장에 다름 아니며, 유비와 조조의 대결 구도는 유가와 법가의 이념 투쟁으로 해석될 여지가 다분하다. 〈대군사 사마의〉는 대의와 이념의 차원보다는 그저 자신의 일가를 지키기 위한 사마의의 분투를 오랜 분량을 할애하여 그려내고 있다.

이러한 지점은 소강사회(小康社會)의 건설과 지향을 어느 정도는 암시하는 것이 아닐까. 사마의 숙적으로 등장하는 양수 또한 자신의 가족을 지키기 위한 지향을 내세움에 따라, 이 작품은 현대 중국의 관심사가 어디로 이동하고 있는지를 잘 보여 주고 있다.

치국의 레벨, '유교적 가치'는 승리한다

자신의 가족을 지키기 위한 사마의의 노력이 수신-제가의 수준이었다고 한다면, 조조의 후계자 투쟁 구도에 참여한 이후의 모략들은 치국-평천하의 레벨이라고 볼 수 있을 것이다. 문재가 뛰어났던 조조는 예술적 재능이 있었던 조식을 편애했다. 이에 비해 장남 조비는 장남이라는 것 이외에는 딱히 내세울 만한 장점이 보이지 않는 상황이었다.

〈대군사 사마의〉에서 조조는 두 아들을 경쟁시키는 모습을 보이는데, 이때 조식과 조비의 참모진은 각기 다른 전략을 취한다. 조식, 그리고 조식의 모신 양수는 과감하고 거리낌 없는 조조의 모습을 따라하는 방향으로 나아간다. 조조는 자신의 모습을 보고 흐뭇했을 것이다. 반면, 사마의와 조비는 '유교적 가치'인 충효를 내세우기 시작한다.

'유교적 가치'를 적극적으로 활용하게 됨에 따라, 위왕 조조의 후계자 투쟁은 보다 사회적인 성격을 띠게 되었다. 황제의 영향력이 극도로 미미한 상황에서, 실질적인 권력을 가지고 있는 위왕의 후계자에 사회의 시선이 모이게 되는 것은 당연한 일이었다.

사마의는 적극적으로 '충'과 '효'를 내세울 것을 조비에게 조언하는데, 이를 통해 당대 명문가들의 호의를 얻어내기 시작한다. 그리하여 조조라는 단 한 사람의 호감을 목표로 행동했던 조식과는 다르게, 조비는 광범위한 자신의 지지 계층을 확보하기 시작한다.

난세의 간웅도 알고 있었다, 리더십의 이면에는

〈대군사 사마의〉에서의 조조는 강렬한 카리스마와 뛰어난 리더십을 가진 존재로 그려진다. 그러나 그러한 그도 자신이 마음대로 할 수 없는 지점들이 있다는 것을 잘 알고 있었다. 아니, 오히려 잘 알고 있었기 때문에 그 한계선들을 아슬아슬하게 오가며 행동했다고 보아야 할 것이다.

최염과 순욱이라는, 당대 최고의 명문가 출신의 뛰어난 인재들은 자신의 목숨을 던져 장자 계승의 원칙을 지켜 낸다. 단순히 조비라는 개인을 지지하는 것이 아니라, 장자 계승의 원칙과 그것이 뿌리내리고 있는 '유교적 가치'들을 수호한 것이다.

오랜 혼란이 이어져 온 난세의 평정은 누구에게나 절실한 과제였다. 당대 난세의 평정에 가장 가까이 다가간 이가 조조였다. 그의 본심은 끝까지 의심받았지만, 스스로 황제에 오르지 않은 것은 사실이었다.

조조는 통치에 있어 팔로우십의 중요성을 누구보다 잘 알고 있었다. 그는 명문사족들을 단순히 억압하기만 하는 것이 아니라, 그들이 목숨보다 소중히 여기는 '유교적 가치'의 의미와 중국 사회에서의 영향력을 이해하고 그것과 대립하지 않았다. 조비를 후계자로 삼은 것은, 오히려 명민하게 충효의 효용을 활용한 것이라고 볼 수 있다.

사마의와 조조가 아닌, 욕망의 방향

우리가 관심 있게 지켜보아야 할 것은 〈대군사 사마의〉가 새롭게 그려내고 있는 인물상에 투영된 중국 사회의 욕망들이다. 기존의 대가족이 아닌 핵가족 시대의 중국에서 가부장적이지 않게 새롭게 발견되는 가족의 소중함, 그리고 사회를 구성하고 유지시키는 강한 원리인 '유교적 가치'의 회복이 그것이다.

　이 두 측면은 아직까지는 정부 차원의 긍정과, 대중 차원의 호응을 얻고 있는 것으로 보인다. '유교적 가치'와 개인(핵가족) 단위의 '욕망의 협업'이 앞으로도 이어지며 시너지를 창출해낼지, 혹은 미묘한 엇갈림과 함께 어떤 긴장 관계를 만들어 낼지 지켜보는 것도 흥미로운 일일 것이다.

영화 〈1953, 금성 대전투〉의 국내 수입 논란, 무엇이 문제인가?

중국 '항미원조' 기억의 문제점과 시사점

2021년 8월, 중국의 한국전쟁인 '항미원조(抗美援朝)'를 다룬 영화 〈1953, 금성 대전투(원제목 金剛川)〉가 한 에이전시를 통해 한국에 수입되었다. 그런데 이 과정에서 영상물등급심의위원회가 영화의 상영 등급을 '15세 이상 관람가'로 결정해 논란이 일었다.

'항미원조'는 중국에서 한국전쟁을 이르는 말로, '미국에 대항하여 조선을 도운' 전쟁을 의미한다. 그래서 중국에서 이 전쟁은 냉전 시기부터 오늘날까지 '반미' 이데올로기와 직결되어 있다.

하지만 개혁개방 이래 중국의 경제 발전에 있어 미국과의 관계가 핵심적이었기 때문에 그동안 정치·문화적으로 한국전쟁은 매우 조심스럽게 다뤄져 왔다. 중국 정부가 한국전쟁 기억으로 불거질 수 있는 대중들의 '반미' 정서를 극도로 경계해 온 것이다.

그러던 중국이 최근 정치·문화·사회 전 방위적으로 한국전쟁 기억을 소환하는 데 열을 올리는 이유는 분명하다. 바로 2018년 이래 격화되는 미국과의 관계 악화 때문인데, 중국 정부가 전쟁 기억을 통해 대중들의 반미 정서를 자극하고 애국심을 고취하여 내부 단속에 나선 것이다.

중국 관방 매체인 환구시보(環球時報)는 무역 갈등을 '항미원조' 전쟁에 비유하기도 하고, 관영 CCTV 영화 채널에서는 1960년대 '항미원조' 경전 영화 〈영웅아녀(英雄兒女)〉를 긴급 편성하는가 하면, 그간 꺼려 왔던 영화와 드라마 제작도 적극 추진되고 있다.

미국과의 관계 악화 형세와 맞물려 맞이한 2020년 '항미원조' 참전 70주년에 중국에서는 정치·문화적으로 대대적인 행사가 열렸고, 이를 다룬 드라마와 영화들이 쏟아졌다. 2020년부터 현재까지 확인된 것만 해도 영화 4편, 드라마 2편, 다큐멘터리는 10편이다. '잊혀진 전쟁'이라 할 정도로 자취를 감췄던 지난 20년의 상황과 비교할 때, 중국 내에서 한국전쟁의 기억은 엄청나게 부각된 상황이다.

〈1953, 금성 대전투〉는 어떤 영화?

중국에서 2020년 개봉한 이 영화는 '항미원조' 참전 70주년을 기념하여 헌정된 영화로, 1953년 7월 금강천 다리를 건너기 위해 다리를 지켜야 하는 중국군과 이를 공습으로 파괴하고자 하는 미군과의 전투를 다루고 있다.

중국의 여러 '항미원조' 서사가 그렇듯이, 영화는 미군보다 훨씬 열악한 여건 속에서도 결국 승리하는 중국 인민지원군의 영웅주의와 희생 정신을 그리고 있다. 영어 제목이 '희생(The Sacrifice)'이라는 점에서도 전달하고자 하는 메시지가 다가온다.

이 영화의 수입 소식이 알려지면서 언론 매체, 청와대 국민청원 게시

정전협정 직전 강원도 화천과 철원북방에서 중공군과 치열한 접전을 펼쳤던 노병들이 50년 만에 금성전투 현장을 찾아 영령들에게 헌화한뒤 경례하고 있다. ©연합뉴스

판, 유튜브 채널 등을 통해 수입 허가를 반대하는 여론이 빗발쳤다. 우리에게 상흔을 남긴 한국전쟁을 당시 적군이었던 중국의 시각에서 그렸다는 것도 문제지만, 더욱 문제인 부분은 이 영화의 배경이다. 1953년 6월에서 7월 사이 한국군과 유엔군이 중국군을 상대로 벌인 '금성전투'를 영화의 배경으로 삼았다는 점에서 그렇다. '금성전투'는 우리 군이 거의 1만명이나 희생된 참혹한 전투였기 때문이다.

한 매체가 수입업자에게 왜 이 영화를 수입했냐고 묻자, "한국군이 등장하지 않아서"라고 답했다고 한다. 실제로 영화는 여러 '항미원조' 영화가 그러하듯, 중국군과 미군만 등장하여 마치 '중미전쟁'처럼 그려졌다.

그러나 〈1953, 금성 대전투〉라는 한국어 제목을 볼 때, 이 영화가 실화를 바탕으로 제작된 것을 수입사 측이 숙지하고 있었음에도 그 역사를 면밀히 살펴보지 않고 수입 신청을 진행했음을 짐작할 수 있다. 여론의 심상치 않은 분위기 때문인지, 수입사는 결국 등급분류 신청을 철회했고 이로써 사실상 국내 유통은 취소됐다.

중국 '항미원조'의 국가 서술과 그 문제점

이번 문화적 이슈를 두고 여러 논의가 가능할 것이다. 이를테면, 한국전쟁 역사에 대한 중국의 선택적 망각과 왜곡된 인식 그리고 이에 우리가 어떻게 대응할 것인지에 대한 고민이다.

영화에 앞서, 지난해 10월에는 방탄소년단이 '벤틀리트상' 수상 소감에서 "양국(한국과 미국)이 함께 겪었던 고난의 역사, 많은 남성과 여성의 희생을 영원히 기억해야 한다"라는 발언에 중국의 애국주의를 지지하는 네티즌들이 발끈하고 불매운동 조짐을 보였다.

그들의 불만은 "방탄소년단이 중국에서 그렇게 많은 돈을 벌어 가는데 중국인의 감정을 마땅히 고려해야 한다.", "우리 지원군(중국군)의 희생은 왜 언급하지 않느냐?"라는 것이었다. 이에 삼성, 현대자동차를 비롯한 몇몇 기업들이 방탄소년단과 거리를 두는 조치를 취했다.

이익 추구를 목표로 하는 기업 입장에서 여론에 몸을 사리는 것이 한편으로 이해가 가지만, 이제는 향후 중국의 역사 왜곡과 대중 선전으로 인한 논란에 대응하는 우리의 대응 메뉴얼이 필요하다는 생각도 든다.

중국 네티즌의 극단적 애국주의는 중국 당국의 역사 왜곡과 교육에도 큰 책임이 있다. 중국에서 한국전쟁 역사는 한국전쟁이 북한의 '남침'이었다는 역사적 사실 대신, 그저 "한반도 내전이 발발했다"라고 서술된다. 전쟁 발발의 책임 소지를 언급하지 않는 까닭은 중국 참전의 정당성이 조국 수호를 위한 '정의의 전쟁'에 있기 때문이다.

다시 말해, 미 제국주의가 중국과 국경을 마주하고 있는 한반도 내전에 개입했고, 대만 해협의 군함 배치와 중국 국경 지역을 폭격하여 실제적 위협이 미쳤기 때문에 중국은 자국 보위와 세계 평화를 수호하기 위해 어쩔 수 없이 참전했다는 것이다. 그렇기 때문에 중국은 한국전쟁이 애초에 북한의 남침으로 인해 발발했다는 역사적 사실을 언급하지 않는 것이다.

그리고 이러한 역사 서술은 교과서뿐 아니라 영화, 드라마 등 대중 매체에도 동일하게 반영된다. 그런 환경에서 나고 자라난 지금 중국의 10대, 20대 청년들이 방탄소년단의 발언에 발끈하는 것은 어쩌면 당연하다고 볼 수 있다.

미국과의 패권 다툼이 장기화될 것으로 확실해진 이상, 중국 대중문화 차원에서의 '항미원조' 서사는 일정 기간 봇물 터지듯 쏟아질 것으로 예상된다. 사실 국가 중심의 서사 방식, 그러니까 중국의 승리와 희생, 영웅주의만을 부각하는 영상물에 염증을 느끼고 반대 목소리를 내는 중국인들도 분명 존재한다.

다만 그러한 목소리들이 공론화되지 못한 채, 시진핑 집권 2기에 들어 사상 단속이 더욱 강화되는 데다가 중미 갈등이 격해지는 현 상황에서 그러한 논의가 이뤄질 수 있는 공간이 더 위축되고 있다는 것이 문제다.

중국의 '항미원조' 기억 담론에 주목해야 하는 이유

그럼에도 불구하고, 우리는 장기적인 측면에서 중국의 한국전쟁 기억 담론에 대해 심도 있게 고민하고 지속적인 관심을 두어야 한다.

한국전쟁은 오늘날의 우리에게 "중국은 무엇인가?", "중국과 중국인을 어떻게 이해해야 하는가?"라는 현재의 피할 수 없는 과제에 답을 구할 수 있는 핵심적인 역사적 사건이다. 그렇지만 당장 양국이 갖고 있는 전쟁 기억이 너무나 다르다.

우리에게 분단의 비극, 민족의 비극이 된 이 전쟁이 중국에서는 '미국에 대항하여 조선을 지키는 것이 내 집과 나라를 지키는 것', 즉 '항미원조, 보가위국'의 전쟁이었다.

또 한 가지 중요한 것은 이 전쟁이 중국의 국경 밖에서 벌어졌기 때문에, 일반 대중에게는 당 주도의 대중운동과 문화적 재현을 통해 경험된 '상상 속의 전쟁'이었다는 점이다.

따라서 중국인의 집단적 사유 체계와 세계관을 이해하는 측면에서는 군사·정치적 의미의 한국전쟁 자체보다 문화적 차원에서 접근할 필요가 있다. 하나의 국가 서사로서 '항미원조' 서사가 대중들에게 어떻게 수용되고 또 시대적으로 어떤 변화가 있었는지를 추적해 보는 것이 중요하다.

궁극적으로 '항미원조' 서사 속 당대 중국 인민의 감정구조를 들여다보는 시도는, 과거 분명히 있었지만 오늘날 국가적 이익 관계로 인해 신속하게 은폐된, 하지만 여전히 동아시아에 유령처럼 떠도는 냉전 시대의 왜곡된 역사, 감정, 기억을 직시하고 냉전적 인식을 바로잡아 궁극적으로 진정한 '동아시아 평화'에 다가서는데 보탬이 될 수 있다.

그간 우리 언론에서는 중미 갈등 격화나 문화적 이슈가 있을 때만 이러한 문제에 단기적으로 주목해 왔다. 향후에는 중국의 '항미원조' 전쟁 담론이 어떻게 전개될 것인지 보다 긴 안목으로 주목할 필요가 있다.

중국, 〈오징어 게임〉 불법 다운로드 두고 소프트 파워 못 키운다

규제 아닌 개방과 포용을 통해 콘텐츠 개발해야

넷플릭스(Netflix) 오리지널 드라마 〈오징어 게임〉이 전 세계적으로 폭발적 인기를 끌며 한국 문화의 새로운 역사를 만들어 가고 있다. 열풍 속 주변국의 엇갈린 반응에 만감이 교차한다.

일본은 이에 대해 거론조차 하지 않거나 일부 언론을 통해 일본 드라마와 게임에 대한 표절 의혹을 제기했다. 심지어 순위 조작 가능성까지 언급했다. 하지만 오히려 일본 대중들은 "일본이 흉내 낼 수 없는 한국 드라마의 진면목"이라는 평가를 하기도 했다. 한국 보다 일찍 문화 산업을 꽃피운 일본의 입장에선 격세지감을 느끼지 않을 수 없을 것이다.

중국은 역시 상인의 나라답게 〈오징어 게임〉 관련 상품(굿즈, goods) 판매를 빠르게 시작하여 단기간에 엄청난 수익을 거두어들이고 있다. 하지만 불법 다운로드, 〈오징어 게임〉과 유사한 예능 프로그램 발표 등으로 국내·외 여론의 뭇매를 맞고 있다.

중국에서는 60여 개가 넘는 사이트에서 〈오징어 게임〉이 불법으로 유통되고 있다. 심지어 DVD로 제작한 상품이 이베이에서 판매까지 되고 있다. 이에 대해서는 향후에도 같은 문제가 재발되지 않도록 정부 차원의 조

치가 필요해 보인다.

한중 언론까지 가담한 초록색 체육복 원조 논란

이와 별개로 한중 네티즌 사이에서는 초록색 체육복에 대한 원조 논란이나, 드라마 속 소품 판매에 대한 논쟁도 벌어지고 있다. 자칫 양국 국민 간 감정 싸움으로 이어지지 않을까 우려된다. 그중에서도 '초록색'과 '체육복'은 각각이 가지는 예술적 의미와 해석이 매우 다양하다. 어느 작품에서나 제작자의 의도를 표현하기 위한 하나의 도구로 활용될 수 있기 때문이다.

이에 따라 초록색 체육복 표절 논란이 일자, 이를 법률적으로 처벌할 수 있는지에 대한 목소리가 높아졌다. 하지만 대부분의 전문가들은 그것이 표절 논란의 대상 자체가 될 수 없다는 의견이다. 넷플릭스 측에서도 초록색 체육복에 대해서는 디자인 출원을 고려하지 않았을 것으로 판단된다.

물론 '오징어 게임'이라는 상표를 전면에 내세워, 마치 〈오징어 게임〉 시리즈 관련 상품인 것처럼 판매하는 행위의 법률적 판단은 다른 문제이다.

무엇보다 이러한 논란에 양국의 언론까지 합세해 논란을 더욱 부추기는 모양새가 안타깝다. 한국의 언론은 원조 논란이 일자, 비판적 관점이나 의견 없이 관련 내용을 '복붙(복사해서 붙여넣기)'해서 기사화하며 논란을 더욱 부풀렸다.

이에 더해 불법 다운로드에 대해서는 침묵하던 중국 관영 매체인 환구시보(環球時報)도 "오징어 게임이 뜨자 한국 언론에서 중국 배우 우징(吳京)의 초록색 체육복이 〈오징어 게임〉 속 의상을 베꼈다고 주장했다"라고 보도하면서 한국 네티즌들을 더욱 자극했다.

이러한 소모적 감정 싸움은 문제를 해결하기보다는 양국 국민 간 감정의 골을 더욱 깊게 만들 뿐이다. 오징어 게임의 불법 다운로드에서 시작된 논쟁인 만큼 이에 대한 반성과 이러한 문제가 반복되지 않도록 대책을 마련하는 논의가 주요 쟁점이 되어야 할 것이다.

불법 다운로드 조장하는 중국의 콘텐츠 규제

중국은 지난 2017년 한국의 사드(고고도 미사일 방어체계·THAAD) 배치에 따라 한국의 문화 상품 수입에 대한 규제를 본격화했다.

사실 외국 콘텐츠에 대한 중국 정부의 규제는 한국에만 한정된 것은 아니다. 2010년 이후 지속적으로 규제안을 발표하고 있고, 규제의 강도도 훨씬 강화되는 추세다.

현재는 방영 허가를 받은 몇몇 해외 콘텐츠만 중국 기업을 통해서 방영될 수 있지만, 이 또한 '검열'격인 사전 심의를 통과해야만 가능하다.

중국 '인터넷문화관리잠행규정(互聯網文化管理暫行規定)' 제16조는 민족 혐오, 외설, 폭력 등 문화 상품에 포함해서는 안 되는 10가지 금지 항목을 규정하고 있다. 하지만 10가지 항목 중 많은 부분이 관리 당국에서 자의적으로 해석하여 규정할 가능성이 높다. 이로 인해 한국을 비롯한 해외의 문화콘텐츠가 중국 규제의 벽을 넘기는 사실상 쉽지 않다.

이에 중국 대중들은 해외 인기 프로그램을 '가상 사설망(VPN)'을 통해 우회 접속하거나, 불법 다운로드를 통해서만 접할 수 있다. 결국 중국 정부가 이에 대한 시장을 개방하지 않는 이상, 중국 소비자들의 불법 행위를 근절하기는 어렵다고 봐야 한다.

미국과의 디지털 전쟁을 앞두고 최근 몇 년간 중국 정부는 지식재산권 강화를 위한 법률 개정 및 대중의 인식 제고 정책을 강화하고 있다. 하지만 이러한 중국의 대처는 〈오징어 게임〉 사례와 같이 대중의 근본적 욕구를 법률로 규제하는 것에 불과하다. 과연 대중의 인식 제고를 요구하는 것이 효과가 있을지 의문이다. 향후 미국과의 싸움에서도 중국에게는 이러한 부분이 상당한 약점으로 작용할 것으로 판단된다.

중국은 유구한 역사와 다양한 전통문화를 보유한 나라다. 이 사실만으로도 문화콘텐츠에 있어 이미 세계적인 경쟁력을 갖추었다 할 수 있다. 이러한 문화적 요소를 잘 활용한다면, 중국의 문화콘텐츠도 세계인들의 관심을 끌 수 있을 것이다. 그렇기 때문에 문화 산업은 국가가 나설 일도 아니고, 나서서도 안된다.

중국은 2001년부터 꾸준히 자국의 문화 산업 발전을 위한 정책을 지속적으로 유지하고 있다. 그럼에도 불구하고 거의 매년 한국 드라마나 예능 프로그램 표절, 불법 다운로드 등의 문제들이 제기되고 있다.

창작이라는 것은 어찌 보면 모방에서 시작된다. 차라리 중국의 제작자들이 외국과의 합법적인 협업을 통해서 중국만의 콘텐츠를 만드는 것도 오히려 중국의 문화 산업이 발전하는 지름길이 될 수 있다.

'간섭하지 않는 지원'이 진정한 소프트 파워를 기르는 것

중국이 정책적으로 문화 산업을 발전시키려고 하는 것은 경제와 군사력으로 대변되는 소위 '하드 파워'와 함께 사회주의 문화 강국이라는 '소프트 파워'를 높이기 위함일 것이다. 최근 방탄소년단(BTS)부터 〈기생충〉과 〈미나리〉, 〈오징어 게임〉까지 K-문화콘텐츠에 국제 사회가 열광하면서 한국의 소프트 파워가 재조명 받는 것처럼 말이다.

한국의 문화 산업도 할리우드, 일본 등 문화 선진국의 힘에 밀려 고전을 면치 못할 때가 있었다. 중국과 비슷한 시기인 2000년대 한국 정부도 문화 산업 육성을 위한 지원 정책을 시작했다.

하지만 중국의 지원과 다른 점은 정부가 창작의 자유를 존중했다는 것이다. 이 덕분에 불평등, 사회 부조리, 권력 등 다양한 사회 현상들을 문화콘텐츠로 만들어 낼 수 있었다. 오늘날 한국의 소프트 파워는 이러한 시도들이 쌓여 이루어 낸 산물이라 볼 수 있다.

중국이 '불법 다운로드 국가'라는 오명을 벗고 진정한 사회주의 문화 강국으로 거듭나기 위해서는 무엇보다 타국 문화에 대한 개방과 포용이 우선시되어야 할 것이다. 한국은 중국의 불법 다운로드에 대해서 강력하게 대응해야겠지만, 정부 차원에서 중국이 점차적으로 시장을 개방하고 협업할 수 있도록 독려할 필요가 있다.

시진핑, 중국 '항미원조' 전쟁 기억을 되살리는 이유는?

중국의 애국적 대중문화 콘텐츠 제작 확대, 그 의도는 무엇인가

2021년 9월 30일, 국경절 특수를 겨냥하여 개봉한 '항미원조' 블록버스터 〈장진호(長津湖)〉가 중국 역대 흥행 랭킹 1위인 〈전랑(戰狼)2〉(2017)의 기록을 깨고 애국주의 주선율 영화의 역사를 다시 썼다.

그리고 12월 17일에는 또 다른 '항미원조' 영화 〈압록강을 건너서(跨過鴨綠江)〉(이하 압록강)가 개봉됐다. 이 영화는 2020년 12월 30일부터 관영 CCTV 채널에서 방영된 첫 '항미원조' 드라마 〈압록강〉(40부작)을 영화화한 동명의 작품이다.

정확히 말하자면 관영 CCTV 채널의 첫 '항미원조' 드라마는 지난 2000년 참전 50주년을 기념해 제작한 〈항미원조〉(30부작)이다. 약 5년 동안 3,000만 위안의 제작비를 들인 대작이었으나, 당시 9.11 테러를 겪은 미국을 배려하여 끝내 공개하지 않았다. 이후 국내의 지속적인 공개 요청이 있었으나 현재까지 방영되지 않고 있다.

이토록 중국에서 공공연한 금기처럼 여겨졌던 '항미원조' 전쟁이 참전 70주년을 맞이한 2020년 전후로 화려하게 귀환한 배경에는 최근 패권 다툼으로 치닫고 있는 미중 갈등이 있다.

시진핑은 참전 70주년 기념식에서 '항미원조' 전쟁을 다시금 '항미(抗美)·국가 수호(保國)'의 '위대한 승리'로 선포했고, 조국을 위해 기꺼이 희생한 지원군 정신은 '대미항전' 불사의 대의 앞에 '애국애당(愛國愛黨)'의 시대정신으로 부상했다.

그리고 이 같은 최고지도자의 기념식 담화는 곧바로 문화콘텐츠 정책으로 이어지며, '항미원조' 전쟁의 문화정치 향방을 결정하는 지표임을 다시 한 번 입증했다.

2020년 7월 17일, 중국 안팎으로 송출되는 모든 미디어 프로그램을 검열하는 중앙기관인 국가광파전시총국(國家廣播電視總局)은 '항일전쟁', '코로나 방역 전쟁'과 함께 '항미원조' 전쟁을 중요 제재로 선정하고, 주선율(主旋律) 가치를 효과적으로 선전하기 위한 관련 프로그램의 제작 및 관리 지침을 내렸다.

'주선율'이란 중국 사회의 특수성과 '사회주의 특색'을 띤 중요한 대중 문예 창작 형식으로, 주류 이데올로기, 국가 정책 선전, 주도적 문화가치 체현, 역사와 현실을 반영한 건강한 창작물을 의미한다. 따라서 '주선율'로 선정되었다는 것은 그간 금지에 가까웠던 '항미원조' 주제를 개방하고 향후 관련 작품들이 대거 제작된다는 것을 의미한다.

이러한 배경에서 〈압록강〉은 2000년 이후 20년 만에 관영 CCTV 채널에서 방영한 첫 주선율 '항미원조' 드라마가 되었고, 저녁 황금시간대 드라마 시청률 1위를 기록했다.

관영 채널에서 제작하고 방영된 드라마인 만큼, 마오쩌둥 전문 배우인 탕궈창(唐國强)과 저우언라이(周恩來) 전문 배우인 순웨이민(孫維民) 등이 참여했고, 맥아더와 트루먼 등 미국의 주요 인물 또한 최대한 닮은 배우들을 기용하여 극의 리얼리티를 높였다.

또한, 중국 '항미원조' 전쟁의 역사 교과서를 펼친 듯, 신중국 수립 직후부터 전쟁 발발, 휴전 협정까지 긴 폭의 시간대를 다루고 있다. 이뿐만 아니라 마오쩌둥을 중심으로 한 중공 중앙 지도부부터 인민지원군 병사 그리고 '항미원조' 운동에 적극 참여하는 중국 인민의 생활상까지 이 전쟁을 둘러싼 모든 면면을 전방위적이고 입체적으로 묘사하고 있다.

특히 중국에서 주요 전투로 꼽히는 '상감령', '장진호', '금강천' 등을 상세히 다루면서 전쟁영웅들이 총망라되고 있다는 점에서 관영 드라마로서 국가의 의지를 충분히 반영하고 있다.

이런 특징들을 볼 때, 이 드라마는 향후 주선율 주제로 부상된 '항미원조' 문화콘텐츠의 지속적인 생산 과정에서 바이블 역할을 할 것으로 보이며, 일정 기간의 과도기를 거쳐 '항미원조' 서사 담론이 구축되는 데 하나의 기준점이 될 것으로 보인다.

지난 17일 개봉한 영화 〈압록강〉은 국내에서 확인할 수는 없지만, 40부작의 드라마의 내용을 편집해 제작한 것으로 추측된다. 따라서 내용보다 주목해야 할 점은 최근 중국 '항미원조' 대중문화콘텐츠의 제작 방식이다.

2020년 '항미원조' 제재의 금기 해제 후, 관련 문화콘텐츠 제작이 확대되었고 현재까지 영화 4편, 드라마 2편, 애니메이션 1편, 다큐멘터리는 10편으로 과거에 비해 엄청나게 증가한 상황이다.

여기서 특기할 점은 콘텐츠 기획 단계에서 시리즈나 드라마·영화의 공동 제작 방식을 취한다는 점이다. 예컨대 영화 〈장진호〉의 경우 시리즈로 기획되었고, 〈장진호의 수문교(長津湖之水門橋)〉, 〈결전 상감령(決戰上甘

한국전쟁 참전 70주년 행사에서 묵념하는 시진핑과 당 간부들 ⓒAP=연합뉴스

嶺)〉,〈위대한 전쟁, 항미원조(偉大的戰爭 · 抗美援朝)〉가 내년 개봉을 앞두고 있다.

드라마 〈압록강〉도 처음부터 영화와 공동 제작하는 것으로 기획되었고, 2020년에 방영된 드라마 〈전화의 용광로(戰火熔爐)〉(13부작) 역시 2021년 〈영웅중대(英雄連)〉로 제작되어 개봉된 바 있다.

이러한 드라마·영화의 공동 제작 방식은 관객들이 드라마 시청을 통해 영화의 전체적인 내용을 어느 정도 알고 있다는 점을 고려할 때, 블록버스터 〈장진호〉처럼 흥행을 염두에 둔 것은 아니라고 판단된다.

실제로 영화 〈압록강〉과 〈영웅중대〉의 흥행 실적은 기대 이하 수준에

그쳤다. 그렇다면 이러한 기획 방식은 단기간 내 '항미원조' 대중문화 콘텐츠의 양적 확대라는 목표로밖에 설명되지 않는다.

그렇다면 최근 중국에서 추진하는 '항미원조' 전쟁 기억의 귀환과 대중문화콘텐츠 확대가 의미하는 바는 무엇인가? 2018년 무역 갈등으로 시작된 미중 갈등은 정치·외교·군사 전 방위로 확대되었고, 이제는 글로벌 패권 다툼으로 장기화할 것이 확실시되었다. 이렇게 된 이상 '대미항전' 불사를 선언한 시진핑 시대에 '항미원조' 전쟁 기억은 대중들의 '반미'와 '애국'이라는 저항적 내셔널리즘을 고취할 새로운 불씨가 될 것으로 보인다.

또한, '항미원조'가 1950년대 전쟁기부터 현재까지 서구라는 타자에 대항하여 중국의 자기 정체성을 구축하고 강화하는 집단 기억으로 작용해 왔다는 점에서, 최근의 변화를 통해 중미 패권 다툼 속에 요구되는 중국/중국인의 새로운 자기 인식을 가늠해 볼 수 있겠다.

원광대학교 한중관계 브리핑 10

글로벌 패권을 꿈꾸는 중국의 도전과 한계

초 판 인 쇄 2022년 3월 23일
초 판 발 행 2022년 3월 31일

엮 은 이 원광대학교 한중관계연구원·동북아시아인문사회연구소
감   수 김정현, 유지아, 윤성혜, 한담
교   정 손유나
주   소 전라북도 익산시 익산대로 460 원광대학교 생활과학관 3층, 5층
전   화 063)850-7120
홈 페 이 지 http://kcri.wku.ac.kr/
이 메 일 y-kcri@wku.ac.kr
등 록 일 자 2010년 12월 23일; 403-82-00258

편집·제작·공급 경인문화사(031-955-9300)

정 가 18,000원
ISBN 978-89-499-6633-5 93300